经济管理学术文库·管理类

人工智能对
我国劳动收入份额的影响研究

Research on the Impact of Artificial Intelligence on
China's Labor Income Share

芦婷婷／著

经济管理出版社
ECONOMY & MANAGEMENT PUBLISHING HOUSE

图书在版编目（CIP）数据

人工智能对我国劳动收入份额的影响研究 ／ 芦婷婷
著． -- 北京：经济管理出版社，2024． -- ISBN 978-7
-5096-9907-2

Ⅰ．F249.24-39

中国国家版本馆 CIP 数据核字第 2024RS1191 号

组稿编辑：张巧梅
责任编辑：张巧梅
责任印制：张莉琼
责任校对：王淑卿

出版发行：经济管理出版社
　　　　　（北京市海淀区北蜂窝 8 号中雅大厦 A 座 11 层　100038）
网　　　址：www.E-mp.com.cn
电　　　话：（010）51915602
印　　　刷：北京晨旭印刷厂
经　　　销：新华书店
开　　　本：720mm×1000mm/16
印　　　张：12.75
字　　　数：200 千字
版　　　次：2024 年 11 月第 1 版　　2024 年 11 月第 1 次印刷
书　　　号：ISBN 978-7-5096-9907-2
定　　　价：88.00 元

前　言

　　共同富裕是社会主义的本质要求。党的十九届五中全会将全体人民共同富裕作为远景目标，合理的收入分配格局是共同富裕的题中应有之义。初次分配、再分配是收入分配格局形成的重要环节，初次分配作为促进共同富裕的主导机制，在收入分配格局形成中起决定性作用。初次分配的主要内容为资本要素分配和劳动要素的收入分配，劳动收入份额则是衡量劳动者对经济发展成果共享程度的重要指标。在我国以按劳分配为主体的分配制度下，劳动收入是居民收入的主要来源，劳动要素相比于资本要素分布较为分散，若劳动收入份额过低就意味着发展成果被资本要素过度攫取，将会导致全社会贫富差距拉大，严重妨碍扎实推进共同富裕的步伐。因此，国家高度重视初次分配领域劳动收入份额的问题，《中共中央关于制定国民经济和社会发展第十四个五年规划和二〇三五年远景目标的建议》明确指出，要提高劳动报酬在初次分配中的比重。自改革开放以来，我国总体劳动收入份额整体上呈下降趋势。近年来，以机器人为代表的人工智能技术日益渗透至各行各业，重塑社会、经济的形态，对收入分配领域带来巨大冲击。人工智能是第四次工业革命的代表性技术，《关于促进人工智能和实体经济融合的指导意见》指出，人工智能是引领未来发展的战略技术。人工智能特有的智能属性加剧了机器与劳动力的竞争，威胁了劳动力的就业率和工资水平，同时创造出新的就业岗位。基于以上背景，提出本书的核心研究问题：人工智能应用是否会降低我国的劳动收入份额？

本书以人工智能技术为切入点，遵循理论分析→实证检验→政策建议的研究思路，探究人工智能对我国劳动收入份额的影响。具体来讲，在梳理和比较人工智能和劳动收入份额多种测算方法的基础上，选取机器人安装密度衡量我国人工智能的应用水平，使用要素法和 GDP 法测算我国的劳动收入份额，分析人工智能和劳动收入份额的时空变动趋势，并简要探究二者的相关关系；借鉴劳动收入份额理论、有偏技术进步理论、技术扩散理论分析人工智能对劳动收入份额影响的总效应、技术扩散视角下的空间溢出效应、人口结构转型视角下的门限效应，以及人工智能影响劳动收入份额的传导机制——劳动力议价能力和产业结构升级；在理论分析和研究假说的基础上，利用 2006～2017 年的省级面板数据，分别使用面板固定效应模型、空间杜宾模型、门限模型、中介效应模型对提出的研究假说进行实证检验，并且采用变换被解释变量、变换估计方法、工具变量等方法进行稳健性检验和内生性处理；基于研究结论和国际实践经验，最终提出有助于人工智能技术红利共享的政策建议。

本书得出如下主要结论：

第一，人工智能和劳动收入份额的特征事实。就人工智能应用而言，2006～2018 年我国人工智能的应用水平呈快速上升的态势，年均增长率达 44.25%；在地域分布上呈现东高西低的特征，东部地区的人工智能应用水平最高，中部次之，西部最低，并且东部地区和西部地区的应用差距呈扩大趋势；人工智能在行业间的应用存在差异性，汽车制造业、电子和电气设备制造业、橡胶和塑料制品业是人工智能应用程度排名前三的行业。就劳动收入份额而言，1978～2017 年劳动收入份额整体上呈下降趋势；劳动收入份额的变动存在阶段性特征，1978～2003 年出现小幅波动，2004～2009 年呈"V"形特征，2010～2017 年整体呈上升趋势，但从 2015 年又开始出现小幅下降；劳动收入份额呈现东低西高的特征，东部地区劳动收入份额最低，中部次之，西部最高，地区间的劳动收入份额变动出现趋同的倾向。就人工智能和劳动收入份额的相关性而言，相关系数和拟合曲线均表明二者存在着负相关关系。

第二,人工智能显著降低我国的劳动收入份额,且存在地区异质性。人工智能对劳动收入份额的负向影响存在区域差异,对西部地区的负向影响最大,中部次之,东部最小;在经济发展水平较高、劳动保护程度较高、劳动力丰裕程度较高的地区,人工智能对劳动收入份额的负向影响较小,反之则较大。随着劳动收入份额水平的提高,人工智能对劳动收入份额的负向影响整体上呈减小的趋势;人工智能对劳动收入份额的边际抑制效应在中部和西部地区显著,在东部地区和东北地区则不显著。

第三,人工智能对劳动收入份额的影响存在负向空间溢出效应。人工智能和劳动收入份额均存在显著的正向空间相关性,地区之间存在的空间联动因素不能忽略;人工智能对劳动收入份额负向空间溢出效应明显,这意味着人工智能在降低本地区的劳动收入份额的同时,还降低了邻近地区的劳动收入份额;人工智能对劳动收入份额的空间溢出效应以短期为主,长期效应尚未显现。

第四,人工智能对劳动收入份额的影响存在人力资本和人口老龄化的门限特征。人工智能对劳动收入份额的影响存在人力资本双重门限特征,即随着人力资本水平的提高,依次越过两个门槛值,人工智能对劳动收入份额的负向影响逐渐减弱;人工智能对劳动收入份额的影响存在人口老龄化的单门限特征,即随着人口老龄化程度的加深,可以越过门槛值,且人工智能对劳动收入份额的负向影响增强。

第五,人工智能影响劳动收入份额的传导机制:劳动力议价能力和产业结构升级。人工智能应用提高劳动力议价能力,劳动力议价能力有利于劳动收入份额的提高,即劳动力议价能力在人工智能降低劳动收入份额的过程中起遮掩作用,能够缓解人工智能带来的劳动收入份额下降;人工智能可以提高产业结构高级化程度,产业结构高级化又有助于劳动收入份额的提高,即产业结构高级化在人工智能降低劳动收入份额过程中具有遮掩效应,同样有助于缓解人工智能引致的劳动收入份额下降;人工智能对产业结构合理化产生不利影响,而产业结构合理化有助于提高劳动收入份额，即人工智能通过降低产业结构合理化的程度从而降低劳动收入份额。

与已有文献相比较，本书的主要创新点如下：

（1）从技术空间扩散视角考察人工智能对劳动收入份额的空间溢出效应。人工智能具有溢出性很强的"头雁效应"，但是既有文献忽略了人工智能影响劳动收入份额的潜在空间因素。考虑到人工智能技术存在的扩散效应，以及通过影响劳动需求引起的劳动力流动效应，空间因素的引入是必要的。

（2）通过纳入我国人口结构转型的因素，探究人工智能对劳动收入份额的非线性影响，增强研究结论对中国的适用性。中国目前处于人口红利晚期，面临劳动力短缺、劳动力成本上升的境况。结合我国人力资本提升和人口老龄化程度加深的背景进行探究，使得结论更具有现实指导意义。相关研究均从人工智能和劳动收入份额的线性框架出发，忽略了人工智能对劳动收入份额可能存在的门限效应，尤其对处于转型时期的中国而言，存在结构突变的可能性更大。

（3）从劳资关系和产业结构升级双重视角出发，探究人工智能影响劳动收入份额的传导机制。既有研究局限于从劳动收入份额分解的角度，比如工资、劳动生产率、劳动力结构等方面考察人工智能对劳动收入份额影响的传导机制。本书则从劳动力议价能力和产业结构升级角度考虑，在一定程度上拓宽了传导机制的研究范围。

目　录

第1章 绪论

1.1 研究问题和研究意义

1.1.1 研究背景

目前，中国劳动收入份额呈下降趋势，与"卡尔多事实"相悖。党的十九大报告指出，"增进民生福祉是发展的根本目的"，使"人民平等参与、平等发展权力得到充分保障"，这就要重新审视中国经济发展中的不平衡、不平等问题，居民收入分配不合理是不平衡发展的重要体现。根据国家统计局数据，2015～2018 年中国居民人均可支配收入基尼系数出现上升的趋势，从 2015 年的 0.462 扩大到 2018 年的 0.468，远超国际警戒线 0.4。可见，收入差距扩大仍是我国经济发展中不容忽视的问题。国民收入的初次分配形成了劳动报酬、资本所得和政府对生产环节直接征取的赋税三大板块（李稻葵等，2009），劳动报酬的占比直接影响收入分配结构。根据"卡尔多事实"，劳动收入份额在长期应处于稳定状态（Kaldor，1961）。然而，自改革开放以来，中国的劳动收入份额持续下降。

1978~2017 年，中国的劳动收入份额从 1978 年的 53.12%下降至 2017 年的 47.57%①。虽然近年来劳动收入份额有所提升，但与发达国家劳动收入份额相比仍存在差距，且仍旧在低位徘徊（刘亚琳等，2022）。劳动收入份额的下降同样出现在欧美发达国家、印度及南美发展中国家和地区，这些均与劳动收入份额处于固定比例的观点相违背。

劳动收入份额的降低导致规模性收入分配的失衡，阻碍国内大循环的畅通，不利于社会稳定，所以引起了国家的高度重视和学术界的广泛关注。劳动收入份额的下降对经济产生诸多不利影响。第一，引起群体间收入差距扩大，导致规模性收入分配失衡。劳动收入仍旧是居民收入的主要来源，2013~2018 年工资收入占居民可支配收入的比重约为 56.43%②。劳动收入份额的下降意味着劳动者所分享的经济成果减少，影响其生活质量和福利水平。高收入群体的主要收入来源通常是资本收入或者财产性收入，中低收入群体则为劳动收入，劳动收入份额的下降将会拉大群体间收入差距。因此，要素的分配是决定群体间收入分配产生差异的重要因素之一。第二，不利于提升消费，阻碍国内大循环的畅通。中国居民的消费水平长期未能得到有效提升的重要原因在于劳动收入份额的下降（陈登科和陈诗一，2018）。与资本所有者相比，劳动所有者具有较高的边际消费倾向。劳动收入份额的降低，导致消费低迷、有效需求不足，最终引起投资过度、产能过剩等问题。消费是国内大循环的重点和下一轮循环的起点，消费受阻以及中低收入群体的消费潜力无法释放，均会阻碍国内大循环的畅通。第三，激化劳资矛盾，不利于社会稳定。劳动收入份额下降无论是对社会政治稳定，还是对经济持续发展都构成了严峻的威胁与挑战（范从来和张中锦，2012）。根据相关统计，劳动收入份额与劳动争议案件数的统计相关系数达−0.963（赵俊康，2006），劳动收入份额的下降使得贫富差距扩大，社会阶层在收入、消费等方面的极度不平等，极易诱发社会矛盾。党的十七大和十八大报告中都提出在初次分配中要提高

---

① 根据 GDP 法计算的全国层面劳动收入份额。
② 《中国统计年鉴 2020》。

劳动报酬的比重，党的十九届五中全会《中共中央关于制定国民经济和社会发展第十四个五年规划和二〇三五年远景目标的建议》（以下简称《建议》）中针对"扎实推进共同富裕"作出一系列重要部署，进一步强调了提高劳动报酬的初次分配比重和完善要素分配的政策制度等重点任务；法国经济学家托马斯·皮凯蒂（Thomas Piketty，2014）在其著作《21世纪资本论》中，基于全球发达经济体的历史数据说明了贫富差距拉大的根源在于资本的收益远高于劳动的收益，更是引发了全球各界对劳动者报酬份额过低的激烈讨论。

人口老龄化、劳动力成本的上升加速人工智能的落地应用，中国成为全球机器人安装量最大的国家，人工智能对劳动力的替代引发了劳动者的担忧。人工智能应用场景广阔，中国已经成为全球机器人应用量最大的国家。人工智能在中国取得了迅猛发展，机器翻译、无人工厂、人脸识别等人工智能技术已经逐渐实现落地应用。国际机器人联合会（IFR）的数据显示，1995～2019年中国的机器人存量持续增长，年均增长率约为43.77%；2019年中国的机器人安装数量为140500台，位居世界第一，且远超位于第二的日本（49900台）。新冠疫情期间人工智能技术同样发挥了不可忽视的作用，人工智能测温仪可以无接触、快速高效地进行温度测量；大数据便于追踪患者的行动轨迹；人工智能电话机器人助力疫情排查工作等。新冠疫情必需的隔离措施加速了"无人化"的进程（吴静，2020）。国家出台一系列政策助力人工智能的应用，人工智能将会成为未来的发展趋势，且在2017～2019年连续三年把"人工智能"写入政府工作报告。党的十九届五中全会通过的《建议》两次提到"人工智能"，实施一批包括人工智能的具有前瞻性、战略性的国家重大科技项目，推动人工智能与各产业的深度融合。人工智能的重要性可见一斑，可以预见人工智能将成为未来的发展趋势。

人工智能替代了体力劳动和部分脑力劳动，劳动力面临着成为"数字穷人"的威胁。人工智能的迅速发展促进经济增长，创造更多的社会财富。但是人工智能的发展并不会以"涓滴"的形式惠及所有群体。Korinek和Stiglitz（2017）指出人工智能真正的挑战在于收入不平等。在第一次工业革命期间，织布机的应用导致大量工人失业、工资减少甚至陷入贫困，引发了捣毁机器的"卢德运动"。第四次工业革命以人工智能技术为代表，其不仅会替代体力劳动，而且会替代部分脑力劳动。人工智能在缓解我国劳动力短缺、劳动力成本上升困境的同时，使得失业者在劳动力市场上处于劣势，甚至被剥夺了劳动的权利，劳动者的收入难以保障。

1.1.2 研究问题

劳动收入是居民收入的主要来源，人工智能对就业的影响归根结底是对收入的影响。历次科技革命中新技术的推广和应用均会对收入分配产生影响，上一轮科技革命造成了全球劳动收入份额普遍下降（郭凯明，2019），作为新科技革命代表的人工智能到底会对劳动收入份额产生怎样的影响？这引起了我们的思考。我国作为处于转型时期的发展中大国，面对人工智能在经济生活中逐步渗透的新情况，以及提高劳动报酬在初次分配的比重、改善分配结构的重任，亟须认清人工智能对劳动收入份额产生的影响。基于此，本书提出如下具体问题：①人工智能和劳动收入份额在我国的发展演变特征是怎样的？②总体上人工智能对劳动收入份额的影响如何？③人工智能通过什么样的传导机制影响劳动收入份额？④考虑人工智能技术的空间扩散效应，人工智能对劳动收入份额是否会产生空间溢出效应？空间溢出效应如何？⑤纳入我国人口结构转型的现实背景，人工智能对劳动收入份额的影响是否会产生变化？

1.1.3 研究意义

本书研究意义主要分为理论意义和现实意义。

一是理论意义。第一，补充了有关人工智能对中国劳动收入份额影响的研究，丰富了相关文献。人工智能的发展成为全球关注的议题，研究对象主要集中于发达国家，人工智能对中国影响的研究相对较少。劳动收入份额是初次分配的重要内容，对于扎实推动共同富裕和经济高质量发展意义重大。本书在中国人口老龄化程度加深、劳动力成本提高的背景下，以劳动收入份额为切入点，探究我国人工智能发展对劳动收入份额的影响。第二，从多视角探究了人工智能对劳动收入份额的影响，为清晰认识二者的作用机理提供了文献支持，具有一定的理论意义。

二是现实意义。在我国全面迈向经济高质量发展阶段的背景下，厘清人工智能对劳动收入份额的影响，对探寻现阶段劳动者的要素收入分配格局，促进全面小康社会建设和扎实推进共同富裕具有重要的现实意义，主要体现在以下几个方面：①为政府部门在初次分配环节制定政策提供参考依据。有关人工智能对劳动收入份额的影响存在分歧，这对于政府部门制定政策造成了困惑，本书较为系统地探究人工智能对劳动收入份额的影响，为政府部门制定相关政策提供了参考依据。我国幅员辽阔、各地区经济发展差异显著，各地区根据其异质性影响细化应对人工智能冲击的政策建议。②有利于人工智能技术红利得以共享，兼顾人工智能发展与收入分配公平。人工智能技术红利并不会以涓滴效应的形式惠及不同地区、不同行业以及不同劳动群体，为了更好地发挥人工智能在提高民生福祉和推进共同富裕中的作用，亟须对人工智能产生的收入分配冲击有清晰的了解。从技术扩散视角认识人工智能对劳动收入份额的空间溢出效应，为区域人工智能技术协调发展提供依据，防止区域收入差距扩大。③有助于挖掘新增长动力。劳动收入份额不但与国民收入密切相关，而且在很大程度上关系到国内消费需求是否旺盛，而国内消费需求是提振经济的重要引擎。在"双循环"背景下，促进经济增长的关键在于消费，而消费水平的提升受制于劳动收入份额的高低。在认识人工智能对劳动收入份额影响的基础上，重视人工智能对劳动收入份额产生的冲击，未雨绸缪地制定预防潜在的劳动收入份额下降问题，为人工智能发展保驾护航，使其充分发挥对经济高质量发展的引擎作用。

1.2 研究内容、研究思路及研究方法

1.2.1 研究内容

劳动收入份额关系着要素收入分配的公平，是扎实推动共同富裕的重要内容。人工智能作为第四次工业革命技术进步的代表，其对劳动收入份额存在不容忽视的作用。本书围绕人工智能对劳动收入份额的影响展开论述，研究内容总体上包括文献综述、特征事实分析、理论分析、实证检验、结论与政策建议。文献综述部分总结和梳理了国内外人工智能和劳动收入份额的相关文献，特征事实分析部分测度和分析了人工智能和劳动收入份额的变化特征，理论分析部分论述了人工智能对劳动收入份额影响的经济学机理，实证检验部分对理论分析部分提出的假说进行了验证，结论与政策建议部分简要总结全文结论并借鉴国际经验提出了政策建议。

本书总共有以下 8 章的内容，主要内容如下：

第 1 章，绪论。该部分是研究之前的必要准备，首先明确选题的现实背景，提出研究问题，介绍研究的理论意义和现实意义；其次介绍研究的主要内容，理顺研究思路，说明研究使用的主要方法；最后阐述本书的主要创新点。

第 2 章，理论借鉴和文献综述。梳理各学派有关劳动收入分配的理论、有偏技术进步理论、技术扩散理论。针对研究主题，将文献分为三大类：有关劳动收入份额、有关人工智能以及人工智能对劳动收入份额影响的相关研究。第一，劳动收入份额的相关研究。将学者们对劳动收入份额变动特征的认识进行梳理，并对劳动收入份额的影响因素进行总结和分类。第二，人工智能的相关研究。总结了人工智能对就业总量和就业结构的影响，对不同主体收入差距产生的影响，以

及人工智能与人口结构转变的关系。第三，人工智能对劳动收入份额影响的相关研究。将不同的观点分门别类，总结人工智能对劳动收入份额的影响机制和异质性。在此基础上对文献进行简要的评述。

第3章，中国人工智能和劳动收入份额的测度与特征事实分析。该部分主要是对人工智能和劳动收入份额进行测度和统计分析。在对人工智能测度方法进行比较总结的基础上，使用就业占比构造省级层面的机器人安装密度衡量人工智能应用水平，分析人工智能应用的行业特征、时间变化特征、区域差异。对于劳动收入份额而言，同样是先总结劳动收入份额测度的方法，然后使用收入法和要素法测算省级层面的劳动收入份额，最后从时间、空间层面进行统计分析并概括其变化特征。

第4章，人工智能影响劳动收入份额的理论分析。对人工智能和劳动收入份额概念进行界定，总结人工智能的技术—经济特征，这是进行理论分析的基础。阐释人工智能影响劳动收入份额的经济学机理，从技术扩散视角分析人工智能对劳动收入份额影响的空间溢出效应，将人口结构转型背景纳入人工智能影响劳动收入份额的门限效应分析，从劳动力议价能力和产业结构升级双重视角探究人工智能影响劳动收入份额的渠道。

第5章，人工智能影响劳动收入份额总效应的实证检验。该部分是实证检验的基准计量部分。构建面板计量模型，加入经济发展水平、对外开放程度、金融发展水平等控制变量，采用双向固定效应模型进行回归，并采用替换被解释变量、控制估计方法、动态面板模型等进行稳健性检验，使用工具变量法处理内生性问题。同时，分成东部、中部、西部地区以及东北地区进行地区异质性分析，按照经济发展水平、劳动力保护程度、劳动要素丰裕程度分组考察地区异质性。此外，通过构建面板分位数模型，检验在不同劳动收入份额水平下，人工智能对劳动收入份额影响的变化。

第6章，人工智能对劳动收入份额影响的空间溢出和门限效应检验。从技术扩散的视角出发，通过构建空间计量模型、空间权重，在空间相关性分析的基础上，使用空间估计方法实证检验人工智能对劳动收入份额影响的空间溢出效应。基于人口结构转型的背景，将人口结构转型细化为人力资本和人口老龄化两个方面，通过构建面板门限模型，实证检验人口结构转型在人工智能影响劳动收入份额中潜在的门限效应。

第7章，人工智能影响劳动收入份额的传导机制检验。通过构建中介效应模型，使用逐步检验法，验证劳动力议价能力和产业结构升级传导机制。其中，借鉴柏培文和杨志才（2019）的方法，通过主成分分析法计算得出省级层面的劳动力议价能力；将产业结构升级细化为产业结构的高级化和合理化两个方面，借鉴张勇和蒲勇健（2015）方法，使用改进的 moore 指数度量产业结构高级化程度，并借鉴干春晖等（2011）的做法，使用泰尔指数表征产业结构合理化程度。

第8章，结论及政策建议。首先简要论述全书的主要结论；其次借鉴国际实践经验提出相应的政策建议，在发展人工智能的同时，使人工智能的技术红利得以广泛地共享；最后对研究进行反思，总结本书存在的不足和进一步研究的方向。

1.2.2　研究思路及技术路线图

本书按照现实背景→提出问题→文献综述→现状分析→理论分析→实证检验→政策建议的思路开展研究。首先，基于我国人工智能对劳动力市场冲击的现实，以及劳动收入份额过低的背景，本书提出核心研究问题：人工智能是否会对劳动收入份额产生影响？产生怎样的影响？其次，从人工智能和劳动收入份额的相关文献中汲取理论支撑、寻找本书具体的创新之处，测度和分析人工智能和劳动收入份额的时空演变特征，定义人工智能和劳动收入份额的概念，概括人工智能的技术—经济特征。再次，从理论上阐释人工智能对劳动收入份额的影响，技术扩散视角下的空间溢出效应，人口结构转型视角下的门限效应，以及人工智能影响劳动收入份额的传导机制。又次，收集变量的相关数据，构建计量模型，使用多种计量方法对人工智能影响劳动收入份额的总效应、空间溢出效应、门限效应和传导机制进行实证检验。最后，对全书得出的结论进行总结，结合国际实践经验提出有利于人工智能发展和劳动收入份额提升的政策建议。

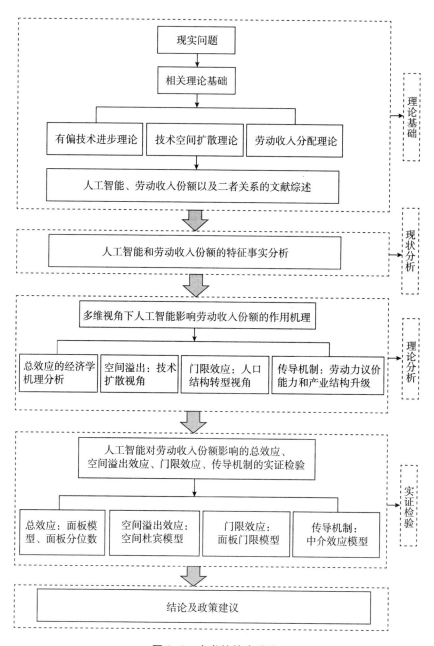

图1-1 本书的技术路线

1.2.3　研究方法

（1）文献分析法。梳理人工智能、劳动收入份额密切相关的研究，并对文献进行简要评述，一方面为后续的变量选取、计量分析奠定基础，另一方面通过文献的分类整理，提炼本书的创新之处。文献分析法主要体现在文献综述章节中。

（2）统计分析法。对于人工智能和劳动收入份额的演变情况，本书通过数据的统计描述，从时间维度和区域维度观察劳动收入份额的时空演变特征。计算出平均值、年均增长率等以此反映人工智能和劳动收入份额的发展速度，利用折线图、直方图等直观地展示其特征，这些统计方法便于清晰了解人工智能和劳动收入份额在我国的现状。该方法集中体现在特征事实分析部分上。

（3）规范分析和实证分析相结合法。本书从多个视角论述了人工智能对劳动收入份额的影响。基于理论分析，使用多种计量方法，采用面板固定效应模型、面板分位数模型对人工智能影响劳动收入份额的总效应进行实证检验；构建空间计量模型考察人工智能影响我国劳动收入份额的空间溢出效应；使用面板门限模型探究人工智能影响我国劳动收入份额的非线性特征；使用中介效应模型探寻人工智能影响劳动收入份额的传导机制。该方法主要体现在理论分析和实证检验章节中。

（4）比较分析法。在对比既有人工智能与劳动收入份额测算方法优劣的基础上，选择适用于本书的测算方法，从时间维度对比了前后的变化特征和区域维度的差异。将人工智能的定义与机械化、自动化进行对比分析，能更清晰地认识本书所描述的人工智能定义。在政策建议部分，将国际实践经验与中国实际国情进行结合，提出适宜中国的政策建议。

1.3　主要创新点

通过收集、阅读、梳理有关劳动收入份额、人工智能以及人工智能对劳动收入份额影响的文献，发现相关研究正处于初期，人工智能对劳动收入份额的影响尚未有明确定论，这为本书留下了探索的空间。本书的主要创新点如下：

（1）从技术空间扩散视角考察人工智能对劳动收入份额的空间溢出效应。人工智能具有溢出性很强的"头雁效应"，但是既有文献忽略了人工智能影响劳动收入份额的潜在空间因素。考虑到人工智能技术存在的扩散效应，以及通过影响劳动需求引起的劳动力流动效应，空间因素的引入是必要的。

（2）通过纳入我国人口结构转型的因素，探究人工智能对劳动收入份额的非线性影响，增强研究结论对中国的适用性。目前，中国正处于人口红利晚期，面临劳动力短缺、劳动力成本上升的境况。结合我国人力资本提升和人口老龄化程度加深的背景，使得本书结论更具有现实指导意义。相关研究均从人工智能和劳动收入份额的线性框架出发，并未对潜在的非线性影响予以重视，尤其对处于转型时期的中国而言，存在结构突变的可能性更大。

（3）从劳资关系和产业结构升级双重视角出发，探究人工智能影响劳动收入份额的传导机制。既有研究局限于从劳动收入份额分解的角度，比如工资、劳动生产率、劳动力结构方面考察人工智能对劳动收入份额影响的传导机制。本书则从劳动力议价能力和产业结构升级角度进行探究，拓宽了传导机制的研究范围。

第 2 章　理论借鉴和文献综述

2.1　理论借鉴

2.1.1　劳动收入份额理论

（1）古典经济学的劳动收入份额理论。古典经济学始于威廉·配第结束于李嘉图，其中，以亚当·斯密和李嘉图为主要代表。以亚当·斯密为首的古典经济学家为工资和利润的研究提供了理论基础，后世学者经过对不同分支思想的继承和发展形成不同的学术流派。①亚当·斯密所处的时期，资本主义经济正处于上升阶段，资本主义的生产关系逐步显现。他明确定义、区分了交换价值和使用价值，交换价值为商品通过交换能够获得的其他商品，使用价值即为商品对人们的用处，劳动是唯一可以作为交换价值的真实尺度。在原始社会中所有劳动产品即为劳动所得，随着私有产权和剩余产品的出现，劳动者仅获得部分劳动产品，其余被地主和雇主攫取，工资和利润为此消彼长的关系。②李嘉图所处的时期，资本主义正处于发展的初期，阶级矛盾较为缓和。他明确指出只有劳动才能创造价值，劳动创造的总价值被划分为利润和工资，利润被资本家无偿占有。利润和工资是对立的，利润的增加意味着工资的减少，商品的价值并不受影响。利润和工资对立关系产生的原因在于劳动生产率的变动，劳动生产率下降→生活必需品价值上升→工资上升→利润下降，反之则反是。③古典经济学的劳动收入分配思想基于劳动价值论，劳动者以工资形式获得收入，资本家则以利润形式获得产品剩余，工资和利润处于对立关系。

（2）新古典主义经济学的劳动收入份额理论。新古典经济学派的劳资分配思想实质上是均衡价格理论，摒弃古典经济学的劳动价值论反而主张效应价值论，其源于庸俗经济学的代表人物萨伊，萨伊提出要素分配的"三位一体"公式：劳动、资本和土地凭借其贡献分别获取工资、利息、地租，均衡价格的形成则取决于供给和需求。新古典经济学派的主要代表人物有马歇尔、克拉克等。新古典理论的正式形成以马歇尔构建的局部均衡理论为标志（刘盾，2013）。①马歇尔以均衡价格论为核心的分配论。第一，要素的价格由均衡价格决定。马歇尔在萨伊的三要素的基础上加入企业家才能扩展为四要素，继承了均衡价格由供求决定的思想。劳动力的价格通过工资形式表现，工资代表着劳动力需求和劳动力供给相等情形下的均衡价格，劳动力的需求价格由边际劳动生产率决定，劳动力的供给价格由劳动力得以生存、延续所需的成本衡量。第二，主张资本和劳动和谐论。在资本主义社会中，资本和劳动按照一定比例进行生产，生产率的提高可以同时提高工资和利润，劳动力和资本家需要建立相互合作的关系，其掩盖了资本剥削的性质，目的是展示资本主义自由市场的优越性。第三，劳动力在工资议价能力方面处于弱势。劳动力在生产过程中存在损耗，没有市场的支持，劳动便无法保存，因此劳动力在议价能力方面不占优势。②克拉克的边际生产力分配论。克拉克理论的发展基于美国的边际主义和传统阶级调和论。在完全竞争的静态条件下，资本和劳动的报酬均由各自的边际生产力决定，二者互不干扰；在完全竞争动态条件下，由技术进步带来的超额利润将会转化为工资。可以看出，其掩盖了利润对工资的剥削，为资产阶级的意识形态进行辩护。

（3）马克思主义的劳动收入份额理论。商品具有使用价值和价值的二重性，使用价值是满足人们某种需要的价值，价值则为商品中凝结的无差别人类劳动，价值是由生产商品的社会必要劳动时间衡量的。商品所有者通过交换获得利润、工资，利润和工资为价值的货币表现形式。在资本主义生产方式下，生产资料被资本家掌握，工人将自身的劳动力出卖给资本家来换取所需的生活资料。同其他商品一样，劳动力的价值由生产劳动力的社会必要劳动时间决定，劳动力的再生产需要生活资料的维持，生产生活资料所需的社会必要劳动时间即为劳动力的价值。劳动力不仅能够生产出自身的价值，而且能够生产出剩余价值，劳动是创造价值的唯一源泉。资本家通过购买劳动力进行生产、控制劳动过程，无偿地占有劳动力生产的剩余价值，也就是说资本家的利润实际上源自对劳动力的剥削。马克思使用剩余价值率 e（剩余价值 S/可变资本 V 或者剩余劳动时间 T_s/必要劳动时间 T_n）反映剥削程度，劳动收入的占比表示为 $W=V/(V+S)=1/(1+e)$（V 表示可变资本，S 表示剩余价值，e 表示剩余价值率），劳动收入份额与剩余价值率呈反向变动，工作时间、实际工资、劳动生产率直接影响剩余价值率。资本主义的生产方式从独立手工业到工厂手工业再到机器大工业，劳动过程随之发生深刻变化，剩余价值率呈上升趋势。马克思认为剩余价值不断转化为资本，机器大规模的应用提高劳动生产率，使得等量劳动匹配不变的同时资本增多，资本有机构成不断提高。资本的不断积累和集中化，长期下来最终会导致工人阶级的贫困和利润率的下降。

（4）后凯恩斯主义的劳动收入份额理论。是以斯拉法、卡莱斯基、卡尔多等学者为代表的后凯恩斯主义学派，继承、发扬凯恩斯理论中的经典内容，后凯恩斯学派通常分为斯拉法学派、卡莱斯基学派、新剑桥学派。他们对于新古典中与实际不符的假设和均衡分析持反对态度，主张使用传统的阶级分析法研究劳资分配问题，在劳资分配问题中融入有效需求、经济增长，以便更加接近实际情况。①斯拉法学派的分配论。在国民收入分配中，工资和利润的分配比例与利润率紧密相关，利润率越高，利润在国民收入中的占比越高，工资收入占比则越低；利润率越低，利润在国民收入中的占比越低，工资占比则越高。其中，利润率取决于投资率，而投资率受制于经济增长。利润和资本是呈反向变动的关系。②卡莱斯基学派的分配论。波兰籍经济学家卡莱斯基在劳资分配理论和经济周期方面做出了杰出贡献。卡莱斯基区分了"成本决定"的定价和"需求决定"的定价，其认为在直接成本上设定加成比率决定价格的成本加成定价是普遍的，对成本加成定价予以重点关注。垄断程度与价格加成正向变动，价格加成则与工资份额反向变动，劳动收入份额的变动受到垄断程度的影响。进一步地，他指出产业集中度、工会力量、经济周期等对垄断程度存在直接影响。不同于新古典经济学厂商根据均衡系统定价，卡莱斯基认为相较于市场情况，厂商更了解自身的情况，因此依据自身的发展策略和目标进行定价。③新剑桥学派的分配理论。新剑桥学派将有效需求应用至经济增长问题的研究，并且涉及劳资分配、资本积累等，卡尔多是新剑桥学派的代表人物。卡尔多明确提出"卡尔多效应"：劳动收入份额和投资率二者存在反比例变动的关系。当处于充分就业的情况下，资本家的投资决策对劳动收入份额具有决定性的作用，投资越多劳动收入份额则越低。主要原因在于，社会处于充分就业状态意味着没有闲置的资源可供使用，投资的增加导致需求拉动型通货膨胀的产生，货币工资不变使得利润增加，工资占比下降。卡尔多的分配理论意味着随着经济发展，投资增加，工资份额在降低，这种分配方式对工人不利。

2.1.2　有偏技术进步理论

希克斯（Hicks）在 1932 年开启了有偏技术进步思想的大门，在 20 世纪 60 年代取得关注和发展，由于缺乏微观基础，在 70 年代陷入沉寂，2000 年左右再次掀起有偏技术进步理论研究的热潮。因此，将有偏技术进步理论的两次发展划分为早期有偏技术进步理论和近期有偏技术进步理论。

（1）早期有偏技术进步理论。希克斯（Hicks，1932）在其著作《工资理论》中从要素边际产出角度定义了有偏技术进步，在资本劳动投入比不变的情况下，技术进步使得某一要素的边际产出提高，则技术进步偏向这一要素；如果技术并未造成要素边际产出比的变化，则称为中性技术进步。此后，学者们提出了"创新可能性边界理论"，并对此进行了拓展研究。Kennedy（1964）认为 Hicks 的理论难以区分技术进步效应和要素替代效应，由此提出"创新可能性边界理论"。他提出要素的份额不是由新古典生产函数决定的，而是由创新可能性边界的形式决定的。基于这样的思想，其构建了要素价格不变的理论模型，通过一系列推导得出以下结论：企业技术进步的偏向很大程度上受制于要素的相对份额，高劳动要素份额占比促使企业选择节约劳动的技术进步；创新可能性边界函数决定了长期中的要素份额，要素份额的占比有可能是稳定的。Ahmad（1966）补充了 Kennedy 模型的微观基础，借鉴熊彼特的创新理论，将生产函数发生的变化定义为技术进步效用，将生产函数上点的移动定义为要素替代效应，创新可能性边界则是一组等产量线的包络线。早期有偏技术进步理论的缺陷在于缺乏具有说服力的证据，且对于有偏技术进步的定义存在分歧。

（2）近期有偏技术进步理论。2000 年前后有偏技术进步理论的代表性学者主要有 Acemoglu 和 Jones，Acemoglu 着重从传统生产函数出发展开研究，Jones 则以技术"搜寻"为出发点进行研究。Acemoglu 将生产函数设定为新古典的 CES 生产函数，重新对技术进步偏向的概念进行定义，技术进步引起的 X 要素的边际生产率的提高大于 Y 要素的边际生产率的提高，则称技术进步为 X 偏向型技术进步；"技术垄断厂商"制造和供给的机器类型决定技术进步偏向，而"技术垄断厂商"受制于"价格效应"和"规模效应"，"价格效应"使得厂商使用价格昂贵的生产要素，"规模效应"则使得厂商使用相对便宜的生产要素；均衡状态下技术进步总是偏向丰裕的生产要素，要素之间替代弹性如果足够大，技术进步效应就会超过替代效应，最终引起丰裕要素相对价格的升高。Jones 假设生产中只有资本和劳动两种生产要素，对于局部和全局生产函数进行了说明。局部生产函数是指在某一特定技术条件下所能达到的产出，全局生产函数则为所有可能生产技术条件下的产出，可能的生产技术条件决定生产函数的形状。Jones 得出的研究结论与 Acemoglu 相同，不同之处在于他们分别使用的是 CD 生产函数、CES

生产函数。近期有偏技术进步理论强调引发有偏技术进步的微观机制。

2.1.3 技术扩散理论

技术空间扩散指的是技术从一个地区转移至另一个地区，侧重技术在空间层面的转移。技术扩散的研究始于社会学领域，20 世纪早期就有学者做了相关研究。模仿行为影响社会的发展，呈现"S"形的特征，农业技术的传播过程同样遵循"S"形的变化规律。直到 20 世纪 60 年代开始，技术对经济增长的贡献日趋增加，技术扩散活动加剧，使得技术扩散的相关研究得到重视。1961 年，曼斯菲尔德（Mansfield）从工业企业角度探究了技术扩散的影响，进一步完善了技术扩散"S"形规律。1967 年，哈格斯特朗（Hägerstrand）将技术扩散的空间距离因素纳入考察，通过建立空间扩散模型，开创了从空间视角考察技术扩散的研究，为现代空间扩散理论奠定了理论基础。1983 年，斯通曼（Stoneman）提出了新的技术扩散模型。随后，技术扩散成为独立的研究领域逐步发展起来。

不同流派的空间扩散理论包括技术完全扩散、技术完全不扩散、技术不完全扩散。①技术完全扩散理论。Borts（1961）在所建立的新古典区域增长模型中，假设技术扩散无须成本、瞬时完成，技术扩散并不产生影响。技术扩散并未涉及空间距离，没有空间上的差异性，也就不存在技术扩散的过程。然而，以上假设与事实相去甚远，受到众多质疑。②技术完全不扩散理论。鉴于技术完全扩散的局限性，部分学者将距离和空间因素嵌入新古典增长模型进行分析。Kaldor 为代表性学者，提出了"维多恩—卡尔多法则"（Verdoon-Kaldor Law），其假设由本地区经济增长带来的投资增长仅用于该地区，用于研发的投资同样只用于本地区，地区之间不存在技术的流动。因此，本地区由于技术进步获得收益仅推动本地区的发展，无法产生技术扩散。技术完全不扩散理论同样与事实严重不符。③技术不完全扩散理论。技术完全扩散理论和技术完全不扩散理论与实际严重不符，无法解释复杂的现实情况，促使技术不完全扩散理论得以发展。技术不完全扩散理论假设技术扩散是存在的，但是受制于各种因素，存在不完全扩散的特征。

空间扩散的模式主要分为波浪式扩散、等级式扩散两种。波浪式扩散指的是技术扩散表现为"近邻效应"，距离与技术扩散紧密相关。距离技术创新源地近的地区最先受到影响，随着距离的增加技术扩散的影响逐渐减弱。等级式扩散指的是技术扩散表现为"等级效应"，地区的等级是影响技术扩散的重要因素。技术扩散率先发生在与技术创新源地等级相似的地区，然后才逐渐扩散至低等级的地区，呈现跳跃式扩散的特征。综上所述，波浪式扩散的形成表明距离的影响占主导地位，等级式扩散形成表明城市的等级为主要影响因素。

空间扩散的影响因素包括地理距离、地区等级、基础设施等。在扩散模式的相关研究中，指出地理距离和地区的等级是影响技术扩散的重要因素，促使不同扩散模式的形成。此外，基础设施、技术采用过程、技术势差也对技术扩散产生影响。基础设施有助于资源的合理配置、地区间的信息交流，因此其对于技术扩散的影响不容忽视。技术采用的过程涉及信息的流动和积累，其作用于技术创新的空间扩散机制。扩散地和接受地的技术势差越大，越不利于技术扩散；两地区技术势差越小，越有利于技术扩散。

技术扩散的过程包括初期技术扩散、中期技术扩散、技术饱和三个阶段。在初期技术扩散阶段，少数经济主体掌握新技术，技术创新源地占据明显优势，与周围地区技术发展差距较大。此阶段接受新技术的主体较少，技术扩散较为缓慢。在中期技术扩散阶段，由于"示范效应"的影响，技术扩散的面变宽、速度加快，新技术呈现向四周辐射的扩散趋势。此阶段新技术采用人数迅速增加。在技术饱和阶段，技术扩散达到最高值，技术扩散速度下降，甚至出现停滞。

2.2 文献综述

文献综述是开展研究的基础。为了尽可能地对人工智能和劳动收入份额的相关文献有全面的了解，本章对相关文献进行详细梳理，主要从人工智能的相关研究、劳动收入份额的相关研究、人工智能对劳动收入份额的相关研究三个方面展开。

2.2.1　人工智能的相关研究

2.2.1.1　人工智能对就业总量和就业结构影响的相关研究

（1）人工智能的就业替代效应。技术进步提高了劳动生产率，在规模不变的前提下，劳动生产率的提高减少工作岗位；技术进步也引起资本生产效率的提高，劳动节约型技术进步的形成加剧了资本要素对劳动要素的替代（王君等，2017）。随着人工智能的发展以及劳动力成本的上升，人工智能与普通劳动者相比具有更大优势（Brynjolfsson and Mitchell，2017）。人工智能具有一定程度的认知能力，并且能降低资本品价格，因此在生产过程中倾向于使用人工智能替代原本属于劳动力的岗位（惠炜和姜伟，2020）。Frey 和 Osborne（2017）探究了美国 702 种职业被人工智能替代的情况，结果发现约有 47% 的工作岗位在未来 20 年会被智能机器取代。世界银行预测，未来 20 年，在 OECD 国家中将会有约 57% 的工作岗位由机器胜任。国内学者王林辉等（2022）以中国劳动力动态调查数据为基础，使用机器学习模型探究人工智能对职业的替代率，结果发现中国 19.05% 的劳动力存在被人工智能替代的高风险，劳动力年龄越大、受教育水平越低被替代的风险越高。然而，张兵和李苹（2022）同样测算了人工智能对中国职业分类替代的程度，结果却发现人工智能对劳动力的替代效应并不显著。

（2）人工智能的就业创造效应。技术进步在对就业造成冲击的同时创造出新的就业岗位。人工智能的应用带来了新的工作任务和工作岗位，即产生人工智能的就业创造效应（Acemoglu and Restrepo，2018）。一方面，人工智能技术本身的应用会产生新型的就业岗位，如算法工程师、数据标注师、机器人训练师等（Acemoglu，2020）；另一方面，人工智能提高劳动生产率，降低产品价格，扩大市场需求，从而增加对劳动力的需求，即产生就业创造效应（Furman and Seamans，

2018；Blanas et al.，2019）。程承坪和彭欢（2018）将人工智能的就业创造效应的机制归结为收入提高效应、成本降低、产业深化、节省劳动时间等。此外，人工智能通过弥补部分工作岗位的空缺产生间接的就业创造效应，主要是以下工作岗位：一是工作环境恶劣甚至对人类健康造成威胁的劳动；二是强度大、重复性高的脑力劳动（邓洲和黄娅娜，2019）。

（3）人工智能对就业总量的影响。人工智能对就业总量的影响取决于就业替代效应和就业创造效应的大小，相关结论存在分歧，主要存在以下观点：第一，人工智能的应用降低劳动力的就业总量。Autor 和 Salomons（2018）使用1970~2007 年各国的数据进行分析，结果发现人工智能对劳动力既产生替代效应，又产生岗位创造效应，综合来看，就业替代效应占据主导地位，最终导致人工智能对总体就业水平产生负向影响。王永钦和董雯（2020）基于制造业上市公司的数据，实证检验得出机器人的应用降低了企业的劳动力需求，孔高文等（2020）综合地区和行业层面的数据，实证检验得出相同的结论。周广肃等（2021）研究发现，智能化对劳动力的替代作用显著，在减少就业人数的同时，增加了劳动力的工作时间。第二，人工智能应用提升总体的就业量。格里高利等（Gregory，2018）使用 27 个欧洲国家 1999~2010 年的数据分析得出，人工智能创造的岗位多于被替代的岗位，对劳动力就业整体上呈正向影响。Roy 等（2020）在考察各国人工智能应用水平及其影响时，认为人工智能虽然存在就业替代效应，但人工智能的就业创造效应更大。李磊等（2021）从微观企业层面考察，结果发现人工智能的应用总体上增加了劳动力的需求。黄泽清和陈享光（2022）认为，资本推动人工智能的发展，其目的是替代更多劳动力，结果却在全球范围内增加了劳动力（如算法更新等）隐蔽环节的隐形就业。第三，人工智能对就业总量的影响并不显著。人工智能虽然使很多工作实现了自动化，但其对劳动力就业的影响并不明显（Bessen，2018）。Graetz 和 Michaels（2018）利用来自国际机器人联合会（IFR）的 17 个国家的数据进行经验检验，研究发现机器人的使用降低了低技能劳动力的就业，但并未对总体就业水平产生显著影响。我国学者陈媛媛等（2022）研究发现，人工智能对区域内部整体的就业率并未产生显著影响。

此外，部分学者对就业影响的长短期效应、空间非均衡进行了初步探究。王晓娟等（2022）研究发现，人工智能对制造业就业的影响存在时期差异，短期内以负向影响为主，中长期则以正向影响为主，现阶段对就业的影响以替代效应为主。何勤（2019）则认为，人工智能的替代效应在初期并不明显，当人工智能发展进入拓展期，就业替代效应才开始发挥作用。孔微巍和谭婷婷（2022）认为，人工智能引致劳动力就业在空间层面的非均衡，且这种效应存在空间外溢特征（张美莎等，2021）。

人工智能对就业结构的影响，集中于人工智能对高、中、低技能劳动力的不同影响。就高技能劳动力而言，其具有较高的人力资本水平和较强的学习能力，可以适应人工智能带来的冲击，人工智能的应用增加了对高技能劳动力的需求（Aghion et al.，2019）。由于中低技能劳动力无法满足人工智能发展的需要，人工智能对其挤出效应更加显著（Korinek and Stiglitz，2017；张美莎等，2021；陈楠等，2021）。人工智能对于重复性、程序化的工作任务具有比较优势，而中等技能劳动者普遍从事这类工作，因此人工智能对中等技能劳动者的替代效应最大，中等技能劳动者或者通过学习进入高技能工作岗位，或者直接进入低技能工作岗位，从而形成就业极化的现象（Autor and Dorn，2013；孙早和侯玉琳，2019；王永钦和董雯，2020）。相反，少数学者发现人工智能存在就业反极化效应，减少了高技能和低技能劳动力需求，反而增加了对中等技能劳动力的需求（潘丹丹，2019）。此外，韩君等（2022）研究发现，人工智能对技能结构的影响存在阶段性特征，在初期劳动力技能向高级化发展，在成熟期劳动力技能结构极化趋势显著。

2.2.1.2　人工智能对收入差距影响的相关研究

（1）基于个人层面收入差距。人工智能对细化劳动群体的影响主要集中于技能收入差距和性别收入差距。就技能收入差距而言，人工智能对技能劳动的生产率具有积极作用，增加技能工作岗位的同时减少了非技能工作岗位，因此导致了劳动力技能溢价的上升，即技能劳动力的收入与非技能劳动力的收入差距扩大（胡晟明等，2021；王丽媛，2021）。就性别收入差距而言，李志强和刘英（2022）从理论层面论证了机器人应用增加了脑力劳动者的工资，而女性具有认知方面的优势，提高了女性的工资水平，最终缩小了性别工资差距；孙早和韩颖（2022）则将高技术部门和低技术部门融入人工智能对不同性别工资收入产生影响的考察，结果发现低技术部门对女性劳动力的需求出现显著上升，有利于缩小低技术部门的性别工资差别，高技术部门表现出对男性劳动力需求的增加，并且导致了高技术部门性别工资差距拉大。

（2）企业间的工资差距。从微观层面着眼探究人工智能对企业间工资差距的影响的相关文献较少。人工智能应用提高了企业员工的平均工资，促进初次分配环节共同富裕的实现（罗润东和郭怡笛，2022）。人工智能应用降低了劳动力议价能力，但是其产生的生产率效应、规模效应有助于提高企业的经营绩效，使得员工对利润的分享程度提高。应用人工智能的企业为员工带来积极的利润分享，提高了企业的平均工资，因此导致使用人工智能的企业和未使用人工智能企业之间的工资差距拉大，并且趋势越来越显著（陈东和姚笛，2022）。

（3）城乡收入差距。人工智能对从事简单重复性的中低技能劳动力具有较强的替代效应，对从事复杂创新工作的高技能劳动具有互补效应。我国的高技能劳动力大多集聚于城镇，大量中低技能劳动力则集聚在农村（马红旗等，2017）。魏建和徐恺岳（2021）将人工智能专利申请量作为人工智能发展的代理指标，经实证检验发现，人工智能对高技能劳动力的偏向拉大了城乡收入差距。陈冲和孙永驰（2022）研究发现，人工智能的应用提高了城镇居民的人均可支配收入，降低了农村居民的人均纯收入，由此使得城乡收入差距扩大。

（4）行业收入差距。邓翔和黄志（2019）将行业异质性引入任务模型，使用人工智能专利衡量人工智能发展水平，基于2003~2016年的行业平衡面板数据，在理论和实证层面探究了人工智能对行业收入差距产生的影响。研究发现，人工智能通过劳动力就业、人力资本水平、行业生产效率对行业的收入差距产生影响，且这一影响存在阶段性特征。在人工智能的导入期，人工智能对行业收入差距呈先扩大后缩小的特征。

2.2.1.3　人工智能与人口结构转变的相关研究

（1）人工智能与人口老龄化。人口老龄化是人工智能应用的驱动力（Acemoglu and Restrepo，2022）。人口老龄化带来了劳动力短缺的问题，而人工智能正是应对老龄化潜在问题的可行举措（睢党臣和曹献雨，2020；张劲松，2021）。龚遥和彭希哲（2020）预测了职业被人工智能替代的风险，认为人工智能对职业的替代效应将会缓解老龄化带来的劳动力规模下降问题。刘骏等（2021）在理论分析的基础上，使用跨国数据估计了机器人的替代能力，实证检验同样得出机器人的使用可以减轻老龄化造成的压力，李舒沁和王灏晨（2021）研究得出相同结论。人工智能替代效应引发的技术性失业是短期的、局部的，通过相关的措施促进劳动力在部门、地区间的合理流动，人工智能的应用可以缓解部分劳动力的短缺问题（蔡宏波和韩金镕，2021）。学者们还探究了人工智能在老龄化影响其他经济因素（如经济增长、产业结构升级、制造业出口技术升级等）中发挥的作用。就经济增长而言，陈秋霖等（2018）研究发现，人工智能对地区生产总值产生正向影响，这有利于减小老龄化对经济增长的阻碍；陈彦斌等（2019）基于动态一般均衡模型的分析得出，人工智能可以有效应对人口老龄化对经济增长的冲击，主要是通过减少对劳动力的需求、提高全要素生产率和资本回报率的途径实现，且人工智能应用的效果明显优于延迟退休的政策；李翠妮等（2022）利用2007~2018 年 30 个省份的数据实证检验得出，人工智能发展水平越高，越可以缓解人口老龄化对经济高质量发展的不利影响。就产业结构升级而言，一方面人工智能可以催生智能养老产业，另一方面可以减轻老龄化导致的劳动生产率下降问题，推动产业结构升级，并且减弱老龄化对第一产业和第二产业的负面影响，加强老龄化对第三产业的正向作用（王森等，2020；王瑞瑜和王森，2020）。以上文献均是将人工智能作为调节变量进行探究。

（2）人工智能与人力资本。谭泓和张丽华（2021）指出，人工智能可以提升人力资本水平。工业机器人的应用通过提升家庭收入、岗位更迭以及产业结构转型升级促进人力资本的提升，即工业机器人的应用存在人力资本提升效应（胡晟明等，2021）。黄先海等（2022）使用中国2011~2019年工业机器人的相关数据，考察工业机器人对企业创新的影响时，将人力资本作为传导机制，结果发现人力资本在工业机器人提升企业创新能力的过程中起部分中介作用。郭艳冰和胡立君（2022）使用我国省级层面2003~2018年的数据实证检验发现，人工智能可以显著促进产业结构升级，人工智能与人力资本融合更加有利于产业结构升级，且人力资本在人工智能影响产业结构升级的过程中存在双重门槛效应。人力资本既可以是人工智能提升企业创新的渠道，又可以作为门槛变量在人工智能促进产业结构升级中发挥作用。此外，部分学者探究了人工智能和人力资本配置的关系。沈洋等（2022）基于中国30个省份2006~2020年的数据研究发现，智能制造可以通过产业集聚有效缓解劳动力错配的问题，产业集聚包括产业间的协同集聚、生产性服务业多样化集聚和高新技术的专业化集聚，其中制造业和服务业的系统集聚是主要传导渠道。孙雪等（2022）使用2010~2019年地级市的面板数据探究智能化技术是否改善人力资本要素错配，实证检验发现智能化技术的确可以改善劳动力的错配，主要通过两种作用机制发挥作用："智能应用→收入均值提高→人力资本流动→人力资本错配改善""智能应用→收入差距拉大→人力资本流动→人力资本错配改善"，智能技术可以改善本地人力资本错配，却加剧了周边地区的人力资本错配问题。

2.2.2 劳动收入份额的相关研究

2.2.2.1 劳动收入份额演变规律的争论

20世纪90年代中后期以后，中国劳动收入份额持续下降。2007年以后，劳动收入份额却出现上升趋势（陈勇和柏喆，2020）。劳动收入份额的下降会进一步拉大贫富差距，激化社会矛盾（Daudey and Garcia-Penalosa，2007）。对于劳动收入份额演进规律的判断，主要分为三类：第一，劳动收入份额具有稳定性。Bowley（1927）提出"鲍利法则"（Bowley's Law）：劳动收入份额检验上是稳定的，Kaldor（1961）将劳动收入份额稳定作为经济增长中的典型事实。稳定性的事实基于少数国家特殊时期的判断，因此受到较多质疑。第二，劳动收入份额呈现"U"形变动的特征。李稻葵等（2009）使用跨国数据研究发现，劳动收入份额变动的"U"形规律，即劳动收入份额先下降后上升，这一规律适用于世界各国，龚刚和杨光（2010）通过理论模型的构建得出相同的结论。张车伟和张士斌（2012）则不赞同"U"形规律，他们认为劳动收入份额稳定，且处于低水平。第三，劳动收入份额呈"√"根号变动。郝枫（2012）从国际和历史视角出发，发现工业化的不同时期劳动收入份额变动方式各异，整体呈现根号变动的特征。具体来讲，在经济发展早期，劳动收入处于低水平或者停滞状态；在工业革命完成以后，劳动收入份额出现提高的现象；在工业化成熟时期，劳动收入份额逐步变得稳定，直至收敛到均值水平。综上可知，劳动收入份额的变动随着经济发展阶段变动。此外，劳动收入份额存在地区差异。我国幅员辽阔，各地区经济发展阶段、经济结构等方面不尽相同，劳动收入份额存在地区差异。沿海地区的人均收入普遍高于内陆地区，但沿海地区的劳动收入份额则偏低，西部省份的劳动收入份额则居于全国前列（钱晓烨和迟巍，2011）。

2.2.2.2　劳动收入份额的影响因素

有关劳动收入份额的影响因素可以归结为以下四个方面：

第一，技术进步因素。Acemoglu（2010）认为，有偏性技术进步导致各要素在总收入中的分享程度存在差异。技术进步直接影响劳动收入份额的高低，资本偏向型技术进步有利于资本收入占比的提高，阻碍劳动收入占比的提升（Lawrence，2015；Grossman et al.，2017）。多数研究证实，技术进步存在明显的资本偏向性特征，资本要素的边际产出随之提高，企业的生产决策表现出增加资本要素的使用和减少劳动要素使用的特点，引起资本的深化，最终导致劳动收入占比的下降（Harrison，2002；Samuel and Gilles，2003）。中国部分学者同样认为，技术进步偏向性是影响劳动收入份额的重要因素之一，多数时期 1/3~1/2 的劳动收入份额变化是由于有偏型技术进步作用影响的（王林辉和袁礼，2018）。黄先海和徐圣（2009）认为，中国制造业劳动收入份额之所以出现下降，是因为技术进步的劳动节约型属性。陈宇峰等（2013）将劳动收入份额下降的原因更加细化至国有企业，具体是因为掌握多数资源的国有企业选择的技术进步具有资本偏向特征。文雁兵和陆雪琴（2018）将影响劳动收入份额的因素分为市场竞争因素和制度因素，市场竞争带来的技术进步和资本深化对劳动收入份额的影响占据主导作用，劳动收入份额进一步下降的动力依然存在。

第二，劳动力市场转型。现有文献主要集中于劳动力转移、劳动力议价能力、人力资本积累、人口年龄结构等因素对劳动收入份额产生的影响。①劳动力转移。劳动力从农业转移至非农产业，初始阶段会导致劳动收入份额下降，当转移劳动力的工资与其边际产出持平，劳动收入份额出现上升的趋势（常进雄等，2019）。蓝嘉俊等（2019）则聚焦于吸收劳动力企业的所有制结构，农业劳动力转移到个体私营企业，劳动收入份额同样呈现"U"形趋势。邓明（2022）明确指出，劳动力的部门转移降低了劳动收入份额。②劳动力议价能力。Blanchard 和 Giavazzi（2003）发现劳动力议价能力对劳动收入份额存在长短期的区别，短期内劳动力议价能力的下降对劳动收入份额产生负向影响，但在长期有可能产生负向影响，由于议价能力的降低导致新厂商的加入，增加了劳动力的需求。然而，Jayadev（2007）研究发现由于资本的流动性强于劳动力，劳动力议价能力较弱，由此导致了劳动收入份额的下降。柏培文和杨志才（2019）基于中国的数据发现劳动力议价能力与劳动收入份额成正比。③人力资本积累。张明昂等（2021）以大学扩招作为自然试验，研究发现大学扩招带来的人力资本增加显著降低了劳动收入份额。④人口结构。魏下海等（2012）认为，老年抚养比的上升和少儿抚养比的下降，二者反方向的变化是造成我国劳动收入份额下降不可忽视的因素。近年来劳动收入份额的上升主要是因为人口红利的消失和劳动力成本的上升（陆雪琴和田磊，2020）。

第三，产业结构因素。不同产业之间的劳动收入份额各异，产业结构的变迁升级随之导致整体劳动收入份额的变化，即产业结构变迁在劳动收入份额变化中扮演着重要角色（Serres et al.，2001；罗长远和张军，2009）。现有文献主要从产业间的结构变化和产业内部变化两个角度展开研究。就产业间的结构变化而言，Zuleta（2007）发现，劳动收入份额的上升伴随服务业比重的上升；然而，白重恩和钱震杰（2009）则认为，我国产业结构由第一产业向第二、第三产业转型的过程中，劳动收入份额出现下降。就产业内部因素而言，Karabarbounis 和 Neiman（2014）从全球视角出发，将全球范围内劳动收入份额的下降归结为产业内部因素的影响，并非是产业间的结构因素。此外，周茂等（2018）通过构造基于合成工具变量的产业升级指标，发现产业升级对劳动收入份额的提高具有积极的作用。

第四，金融因素。主要包括融资约束、企业金融化、数字金融等。利率管制对劳动收入份额产生负向影响（Stockhammer，2013）。金融抑制导致银行存款利率处于较低水平，为国有企业和资本密集型企业使用廉价资本提供便利，引起生产中过多使用资本要素的倾向，从而降低了劳动要素在国民收入中的占比（陈斌开和林毅夫，2012；张建武等，2014）。融资约束则使得企业通过内源融资方式提高利润留存比例和降低工资水平，从而对劳动收入份额的提高产生不利影响（罗长远和陈琳，2012；施新政等，2019）。罗明津和铁瑛（2021）认为，企业金融化发展有助于劳动收入份额的提高。近年来，学者们开始关注数字金融对劳动收入份额的影响。数字普惠金融缓解企业的融资约束，使得企业增加对研发的投入，提高了对高技能劳动力的需求，从而提高劳动收入份额（刘长庚等，2022；江红莉等，2022）。张彤进和任碧云（2016）认为，金融的包容性发展有助于提升劳动收入份额。

此外，经济全球化、制度因素也会带来劳动收入份额的变化。姜磊和张媛（2008）发现，出口贸易有利于提升中国的劳动收入份额，黄玖立和张龙（2021）认为，中间品贸易自由化对于制造业劳动收入份额存在正向影响。相反，大多数学者认为国际贸易拉低了劳动收入份额。周明海等（2010）、张莉等（2012）研究证实，进出口贸易不利于中国企业劳动收入份额的提高；Decreuse 和 Maarek（2015）认为 FDI 导致了劳动份额的下降。就制度层面而言，杜鹏程等（2021，2022）研究发现，最低工资标准的提高引起劳动收入份额的下降，所得税征管范围改革使得企业内部劳动对资本的替代程度加深，最终引起劳动收入份额的提高；苏梽芳等（2021）研究发现，"营改增"对劳动收入份额也有正向影响。文强和楚天舒（2019）发现，国有经济占比高的行业可以通过提高人均劳动报酬从而提高劳动收入份额。

2.2.3　人工智能对劳动收入份额影响的相关研究

劳动收入份额关系着劳动者的福祉、国内大循环的建立，以及社会的稳定。人工智能的迅猛发展能够提高劳动生产效率，生产更多的社会财富，但并不会使不同要素均等收益，这引起人们的担忧。人工智能的发展会对劳动收入份额产生怎样的影响，引起学界的广泛关注。目前，学者对人工智能影响劳动收入份额的观点尚未达成一致，主要存在以下三种看法：人工智能导致劳动收入份额下降；人工智能有助于劳动收入份额的提高；人工智能对劳动收入份额的影响存在不确定性。

（1）人工智能降低劳动收入份额。从要素分配视角而言，人工智能技术体现为资本的物化，具有资本偏向性技术进步的特征，资本对劳动力的替代导致劳动收入份额的下降（王娟和尹敬东，2019；朱琪和刘红英，2020）。Karabarbounis 等（2014）认为，美国劳动收入份额下降的主要原因是资本增进型技术进步。技术进步的资本偏向引起资本品相对价格降低，企业倾向于通过使用资本来替代劳动力，从而导致劳动收入份额的下降。DeCanio 等（2016）基于 Houthakker 模型，使用美国的数据计算得出，当机器和劳动的替代弹性处于 1.7~2.1 时，使用机器人会造成劳动工资的下降。宋旭光和杜军红（2021）发现，智能制造提高了劳动生产率，由于资本和劳动之间具有互补关系，从而提高了资本的需求和所得，最终使得劳动收入份额降低。

人工智能减少了劳动力执行任务的范围、加剧了失业，从而降低了劳动收入份额。Acemoglu 等（2018a，2018b）基于任务导向自动化模型，将人工智能设定为任务偏向性的技术进步，结果发现无论是在短期还是在长期，人工智能均挤占了劳动力从事的任务范围，降低了劳动收入份额，扩大了要素收入差距。劳动任务的智能化甚至导致部分工作岗位消失，劳动者面临被挤出劳动市场的威胁（刘涛雄和刘骏，2018）。董志强和黄旭（2019）通过改进新古典生产函数，将人工智能技术作为自动化资本要素纳入生产函数，通过数理模型的推演发现，人工智能提高了总产出、加剧了失业、降低了工资，最终引起劳动收入份额出现下降。陈永伟和曾昭睿（2019）通过实证分析发现，"第二次机器革命"提高了平均工资水平，增加了失业率，降低了劳动收入份额。

人工智能同时提高了劳动生产率和工资，但是生产率的提升速度快于工资的提升速度，进而使得劳动收入份额下降（程虹等，2021），惠炜和姜伟（2020）通过对文献的梳理得出同样的结论。余玲铮等（2019）利用企业层面的微观数据进行实证检验发现，企业人工智能技术的使用降低了企业内部劳动力的收入份额，主要原因在于劳动生产率的提升速度快于工资的提升速度。陈利锋和钟玉婷（2020）将人工智能纳入动态随机一般均衡模型，在理论层面上探究了人工智能对劳动收入份额和社会福利的影响发现，人工智能投资效率的提高和使用范围的扩大会降低劳动收入份额，主要原因在于实际工资增加的速度慢于劳动生产率增加的速度。此外，周明海等（2021）通过分解劳动收入份额的构成发现，人工智能的就业替代效应尤为显著，较小的工资提升效应对劳动生产率并未产生明显影响，简言之，就业替代效应起主要作用导致劳动收入份额的下降。

人工智能对高低技能劳动力在需求和收入方面的差异化影响，导致劳动收入份额下降。人工智能的高技术复杂度对劳动力提出更高要求，增加对高技能劳动力的需求和收入，减少了对低技能劳动力的需求和收入。人工智能应用引起劳动力结构高级化和高低技能收入差距扩大，最终导致劳动收入份额的下降（钞小静和周文慧，2021）。这一影响渠道着眼于人工智能对不同劳动群体的影响，从结构变化角度考察劳动收入份额下降的原因。

（2）人工智能提高劳动收入份额。在理论分析层面，人工智能可能会产生边际报酬递增的经济增长模式，引致经济增长的"奇点"。不同于以往的技术进步，人工智能对劳动力的替代范围明显扩大，不仅可以替代体力劳动，而且可以替代部分脑力劳动。屈小博（2019）认为，人工智能同时存在"替代效应"和"生产率效应"，"替代效应"指的是对体力劳动和脑力劳动的替代，"生产率效应"则表现为人工智能技术的广泛应用增加了劳动需求，劳动需求增加的同时提高了国民收入中的劳动收入份额。杨飞（2022）从理论层面探究了产业智能化如何影响劳动收入份额，其认为产业智能化的替代效应和产业后向关联导致劳动收入份额的下降。

在实证分析层面，金陈飞等（2020）使用企业层面的微观数据进行实证检验发现，人工智能的应用平均提高了劳动收入份额 1.4~1.7 个百分点，以企业全要素生产率为传导机制影响劳动收入份额。人工智能是新一代信息技术的重要领域（蔡跃洲和陈楠，2019），申广军和刘超（2018）利用 2004~2007 年工业企业数据库的数据进行实证分析发现，使用信息技术的企业拥有更高的劳动收入份额，信息技术同时提高企业的增加值和劳动者报酬，后者的提高速度快于前者的提高速度，使得劳动收入份额在初次分配中提升。

综上所述，人工智能提高劳动收入份额的途径主要有以下三个方面：人工智能创造具有劳动优势的工作岗位，就业的增加带来劳动收入份额的提高；人工智能技术的使用提高了企业全要素生产率，最终提高了劳动收入份额；人工智能技术同时提高企业的增加值和劳动者报酬，但是劳动报酬的提高速度快于企业增加值的提高速度，从而引起劳动收入份额的提高。

（3）人工智能对劳动收入份额的影响具有不确定性。人工智能对劳动收入份额的影响方向取决于部门之间和不同生产方式的替代弹性。郭凯明（2019）在总结人工智能特征的基础上，构建了多部门的动态一般均衡模型，通过严谨地推导发现，人工智能对劳动收入份额的影响是不确定的，受到部门间产出弹性、生产方式间替代弹性的制约。在不同国家主导人工智能深化的情况下，人工智能对我国劳动收入份额的影响各异。李霞等（2020）基于标准的 GTAP 模型框架，通过数值模拟发现，要素报酬主要受到人工智能深度和广度的影响，人工智能的强度以及熟练劳动和非熟练劳动的替代弹性对要素报酬的影响不是根本性的。世界人工智能的深化仅仅有利于中国资本要素报酬的增加，由中国引领的人工智能深化同时增加了中国资本和劳动报酬，由美国引领的人工智能深化则相反。

（4）人工智能对劳动收入份额影响的异质性研究。动态异质性指的是随着人工智能的逐步发展，其对劳动收入份额产生的影响在短期和长期内存在差异。短期内人工智能对劳动收入份额产生消极影响，在长期内劳动收入份额不会出现下降甚至会提高。师博（2020）从社会生产过程的生产、分配、交换和消费环节出发，论述了人工智能推动经济高质量发展的机理。就分配环节而言，人工智能改变分配结构、提升分配效率。在短期内，人工智能对劳动力的替代效应占据主导地位，资本报酬增加，劳动收入份额下降，劳动和资本的收入份额比下降；在长期内，劳动力的技能水平提升，技能与技术相匹配，提高了平均工资水平，加之政府向人工智能企业征税，加大转移支付力度，缓解了收入不平等的程度。人工智能通过减少信息不对称，提升了收入分配效率，改进了要素的配置效率，长期内会解决收入分配不公平的问题。Brynjolfsson 等（2017）认为短期内人工智能生产效率的发挥具有较长的时滞，并且新任务的引进速度较慢，要素收入不平等的趋势会加剧，但在长期中，随着人工智能生产效率效应和岗位创造效应的释放，劳动收入份额会趋于稳定或提高，要素收入差距不会无限增加。杨虎涛（2018）认为，目前人工智能技术体现为搜索、匹配和预测，并不是自主性和创造性，属于弱人工智能。人工智能对劳动力存在替代效应，但长期中生产率效应、资本积累效应、自动化程度深化效应以及新工作创造效应会使劳动力需求增加，劳动收入份额不会出现下降。杨飞（2022）考虑到我国人工智能从 2005 年以后才开始快速发展，将 2000～2014 年全样本划分为 2000～2004 年和 2005～

2014 年两个子样本探究时间异质性，结果发现 2005 年之前产业智能化对劳动收入份额的负向影响的显著性较弱，2005 年之后则显著为负。

地区异质性。钞小静和周文慧（2021）基于人工智能专利数据，考察人工智能影响劳动收入份额的地区异质性，结果发现，人工智能仅对西部地区的劳动收入份额产生负向影响，对中部和东部地区的回归系数虽然为正，但不显著。其还按照资源禀赋和劳动收入份额高低划分不同区域进行异质性分析，在非技术密集地区人工智能对劳动收入份额的负向影响显著，而在技术密集区的负向影响不显著；在高劳动收入份额地区，人工智能形成的负向冲击较大，在劳动收入份额较低的地区影响并不明显。宋旭光和杜军红（2021）鉴于不同地区智能制造存在差异，同样探究了智能制造对劳动收入份额影响的地区异质性。

2.2.4 文献述评

有关中国人工智能的研究始于 2018 年左右，近年来由于人工智能的迅猛发展带来的冲击，学者们在 2020 年前后开始广泛地关注人工智能带来的经济效应。已有研究对人工智能的收入分配效应做了有益探索，为本书奠定了良好的文献基础。综合已有文献可以得出：①有关劳动收入份额。劳动收入份额是初次分配的重要内容，并非稳定不变的，与卡尔多事实不符；技术进步、劳动力市场转型、产业结构升级、金融因素等是影响劳动收入份额的重要因素。②有关人工智能。人工智能会同时产生就业的替代效应和就业的创造效应，对劳动力的就业总量的影响取决于二者的大小，学者们有关人工智能对就业影响的观点并未达成一致；人工智能与高技能劳动力的互补对中低技能劳动力替代作用较强，但是人工智能的一些类人特征可能会对高技能劳动力也形成替代，由于对中等技能替代的不同认识形成了两种截然相反的观点，人工智能造成就业极化和人工智能具有反就业极化的特征；人工智能造成了技能溢价的上升、性别工资差距的拉大，导致了企业间、城乡收入差距的扩大，对行业收入差距存在先扩大后缩小的阶段性特征；人口老龄化为人工智能的应用按下了加速键，人工智能可以缓解人口老龄化带来的劳动力短缺、经济增长放缓、产业结构调整等问题；人工智能能够倒逼人力资本提升，缓解了劳动力的错配问题。③人工智能对劳动收入份额的影响。相关研究存在分歧，存在以下三种观点：人工智能提高劳动收入份额、人工智能降低劳动收入份额、人工智能对劳动收入份额的影响存在不确定性，且人工智能对劳动收入份额的影响存在动态异质性和地区异质性。

然而，既有文献仍然存在以下不足之处：

（1）既有文献集中于人工智能和就业关系的探究，而人工智能的应用对中国劳动收入份额影响的文献较少。劳动收入是中国广大居民最主要的收入来源，劳动收入份额的提高关乎中等收入群体的扩大、橄榄型社会的形成，是推动共同富裕的关键举措。在推动共同富裕的过程中，初次分配环节劳动收入份额过低的问题突出。因此，探究人工智能对劳动收入份额造成的影响具有重要意义。在仅有的几篇相关文献中，人工智能度量指标不一致，比如人工智能专利并不能较好地反映人工智能应用水平，样本的时间跨度较短，无法较好地反映人工智能应用的变化特征。人工智能对劳动收入份额的影响的结论也存在分歧，这为本书留下了探究的空间。

（2）现有文献着眼于二者的线性关系，并未将人工智能本身的特征、外部环境纳入人工智能对劳动收入份额影响的研究。人工智能对劳动收入份额的影响与经济中其他部分的调整息息相关，因此从多个角度考察人工智能对劳动收入份额的影响是必要的。人工智能作为通用目的技术具有广泛的渗透性，人口结构转变是最大劳动力市场转型的最大特征，这些均是探究人工智能影响劳动收入份额过程中需考虑的潜在因素。

（3）既有研究有关人工智能对劳动收入份额作用机制的分析，大多从劳动收入份额的分解角度展开，导致作用机制分析存在局限性。集中于就业、工资、劳动生产率因素，一种是单独将就业或工资作为传导机制，另一种是同时考虑人工智能对劳动生产率和工资率的增长速度的影响，当劳动生产率的增长速度超过工资的增长速度导致劳动收入份额下降，反之则反是。人工智能对经济中各方面产生影响，对人工智能影响劳动收入份额传导机制的分析需要进一步拓展。

鉴于此，本书从以下几个方面展开研究：①试图以劳动收入份额为切入点，从技术扩散的空间视角探究人工智能对劳动收入份额的影响，有助于清晰认识人工智能应用对劳动收入份额产生的空间溢出效应，在制定相关政策时考虑到区域协调发展；②嵌入人口结构转型的中国场景，考察人工智能对劳动收入份额影响的变化，提高研究结论与中国现实情况的契合度和适用性；③拓展人工智能影响劳动收入份额的传导机制，丰富了传导机制研究的思路；④在厘清人工智能和劳动收入份额关系的基础上，结合国际实践经验提出适宜中国人工智能技术红利共享的治理方案。

2.3　本章小结

让劳动者共享科技发展带来的成果成为学界关心的问题。在对文献收集、整理、分类的基础上，本章简要介绍了古典经济学派、新古典学派、马克思主义以及后凯恩斯主义学派中与劳动收入份额相关的理论——有偏技术进步理论、技术扩散理论的主要内容；梳理了劳动收入份额变动、影响劳动收入份额的因素、人工智能对就业总量和就业结构的影响、人工智能与收入差距、人工智能与人口结构转变、人工智能对劳动收入份额的影响的相关文献，并对文献进行简要的评述。既有文献为寻找本书的创新点提供支撑、启发了本书的创新思路，也为后续研究提供了理论支撑。

第3章 中国人工智能和劳动收入份额的测度与特征事实分析

人工智能和劳动收入份额的测算是实证分析的基础。人工智能是第四次工业革命中具有颠覆性和革命性的新技术，对其探索处于初期阶段，有关人工智能的度量方法存在较大分歧。劳动收入份额属于功能性收入分配的内容，是经济学研究的中心议题，有关劳动收入份额测算的研究仅在劳动报酬的划分上存在细微差别。因此，本章基于人工智能和劳动收入份额的定义，在总结相关测算方法的基础上，对省际的人工智能和劳动收入份额进行测算、特征事实分析，初步探索二者的关系。

3.1 中国人工智能的测度与特征事实分析

3.1.1 人工智能的测度概述

通过梳理相关文献，发现人工智能的度量方法主要有以下五类：工业机器人、人工智能专利、企业是否使用人工智能、相关产业投资额、多指标综合法，详细内容如表3-1所示。第一，与工业机器人相关的系列指标，主要包括工业机器人的安装密度、安装量、销售量等。其中，工业机器人的安装密度在学界得到了广泛应用（Cheng et al.，2019；Acemoglu and Restrepo，2020），数据主要来自国际机器人联合会（IFR）官网，该指标的数据易于获取且方便计算。第二，人工智能相关专利。主要是通过一些专利数据库筛选与人工智能相关的专利数据，用于反映人工智能的发展水平。与人工智能专利申请量相比，人工智能专利技术的质量和实际投入应用情况能更为准确地反映人工智能的发展水平，但大多数文献并未考虑。第三，"是否使用人工智能技术"的虚拟变量。大多研究通过调研、问卷调查、网页爬虫抓取等方式获得数据，该指标主要用于企业微观层面的研究，有利于从微观企业层面针对性地提出政策建议。然而，这类数据获取较为困难，部分数据尚未公开。第四，相关产业的投资额。涉及信息传输业、计算机服务业、软件业等产业的固定资产投资额，选取的产业范围能否反映人工智能发展水平需要斟酌。第五，多指标综合法。该方法囊括了人工智能发展的多个方面，指标类型丰富，可以较好地反映人工智能的发展水平。但是指标体系构建的依据和合理性需要深入分析，并且对庞杂数据的收集、处理较为困难。

表 3-1 人工智能指标的度量文献总结

大类	细分类别	代表性文献
工业机器人	每百家企业的工业机器人投入	王林辉等（2020）
	工业机器人安装量、保有量、存量	马岚（2015）；闫雪凌等（2020）；吴清华等（2020）
	行业工业机器人装备增长量	刘亮和胡国良（2020）；孔高文等（2020）；吕越等（2020）
	工业机器人安装密度	吕洁等（2017）；陈秋霖等（2018）；吕越等（2020）；王文等（2020）；韩民春等（2020）
	工业机器人投入＝工业机器人进口＋（国产工业机器人－工业机器人出口）	宋旭光和左马华青（2019）
	工业机器人使用量、进口量	孔高文等（2020）；杨晓锋（2018）；李丫丫等（2018）
	工业机器人销售量	朱巧玲和李敏（2018）

续表

大类	细分类别	代表性文献
专利数据	人工智能相关专利	邓翔和黄志（2019）；张振刚等（2018）；刘叶婷等（2020）
企业是否使用人工智能技术	企业是否使用人工智能技术	张桂金和张东（2019）；程虹等（2020）；潘丹丹（2019）
相关产业投资额度	信息传输、计算机服务和软件业全社会固定资产投资与生产总值的比重	蔡啸和黄旭美（2019）；俞伯阳（2020）
	全球计算机制造业和信息服务业投入到中国每个行业的中间品占增加值的比重	杨飞和范从来（2020）
多指标综合构建	智能化基础、智能技术、智能化结果	刘亮等（2020）
	基础建设、生产应用、竞争力和效益	孙早和侯玉琳（2019）；魏玮等（2020）
	硬件、数据、科研	陈明艺（2020）
	创新支撑、创新活力、创新质量	李旭辉等（2020a）
	硬实力、软实力	李旭辉等（2020b）

本书对人工智能的定义侧重其应用层面，从"中国邮政"的案例中也可以发现，工业机器人是各种人工智能技术的集成体，既包括算法、程序等形式的软件设施，又包括传感器、感知相机等形式的硬件。因此，工业机器人是人工智能应用的最佳体现，本书使用工业机器人安装密度（机器人渗透度）[①] 衡量人工智能水平，该指标得到学界的广泛应用（Cheng et al.，2019；Acemoglu and Restrepo，2020）。

3.1.2　中国人工智能的测度

受到数据可得性的约束，没有直接按地区分类机器人的相关数据。陈秋霖等（2018）参照 Acemoglu 和 Restrepo（2017）的方法计算分地区的机器人安装密度，王文（2020）、韩民春等（2020）均使用该方法计算地区层面的机器人安装

　　[①]　工业机器人安装密度的部分文献如韩民春等（2020）也将其称作"机器人渗透度"，二者计算方法相同，本书统一使用工业机器人安装密度进行表述。

密度。此外，魏下海等（2020）、陈媛媛等（2022）则使用该方法计算城市层面的机器人安装密度，本质上是与其他学者的方法是一样的，但是其指定了基准年份。该方法假定地区的机器人分布程度和全国的机器人分布程度相同，一地区各行业的就业占比对该地区工业机器人的安装密度具有重要作用。简言之，该方法是以地区各行业就业占比为权重，从将全国层面的工业机器人安装密度扩展至地区层面。各地区工业机器人安装密度的具体计算公式可以表示为：

$$Rob_{it} = \sum_{j=1}^{J} \frac{L_{ijt}}{L_{it}} \times \frac{Rob_{jt}}{L_{jt}} \tag{3-1}$$

其中，L_{ijt} 表示 i 区域 j 行业 t 年的就业人数，L_{it} 表示 i 区域 t 年的就业人数，Rob_{jt} 表示 j 行业的工业机器人存量，L_{jt} 表示 j 行业的全国的就业人数，对所有行业进行加总即可得出 i 区域的工业机器人的安装密度。

数据来源说明：计算工业机器人渗透度所需数据包括分地区分行业就业人数、全国分行业的就业人数、分地区总的就业人数以及分行业的工业机器人存量。分地区分行业的就业人数、分地区总的就业人数、全国分行业的就业人数均来源于历年《中国劳动统计年鉴》，缺失数据使用插值法补齐。分行业的工业机器人存量（Operational Stock）[1] 源自国际机器人联盟官网（International Federation of Robotics，IFR）。IFR 是成立于 1987 年的非营利性组织，其机构成员来自机器人行业、国家行业协会、研发机构等，具体的比如 3M、A3 推进自动化促进协会[2]、ABB 有限公司等。全球几乎所有的机器人供应商都为 IFR 提供数据，一些国家的机器人协会也会提供相关数据，这确保了数据的准确性[3]。但出于保护公司机密的考虑，仅公布分国别分行业的工业机器人数据、工业机器人应用类型的数据。

统一行业分类标准。中国分行业的就业数据使用国民经济行业分类与代码

---

① IFR 国际机器人联合会官网的工业机器人数据包括机器人安装量（Installations）和机器人存量（Operational Stock），每年的机器人存量是之前安装数量的总和除去折旧废弃的数量。

② A3 是北美最大的自动化行业协会。

③ *WR Industrial Robots* 2019。

（GB/T 4754-2011），与IFR并不一致，因此首先需要统一行业。借鉴闫雪凌等（2020）的方法进行——匹配，匹配的结果如表3-2所示。由于在中国的行业分类标准中，《中国劳动统计年鉴》分行业分地区的就业人员数据中，汽车制造业于2012年从运输设备制造业中独立出来，2012年以后中国的统计年鉴才有汽车制造业就业人数的相关数据。然而，在IFR的分行业机器人数据中汽车制造业和运输设备制造业一直是独立统计的。因此，本书2012年之前的行业统一为13个，2012年及之后变化为14个。将2011年之前汽车制造业和运输设备制造业的机器人存量的数据进行加总，以便和《中国劳动统计年鉴》的就业人数相匹配，从而计算机器人的安装密度。

表3-2　行业统一分类对照表

IFR制造业行业分类及代码	国民经济行业分类与代码（GB/T 4754-2011）
食品饮料加工制造业 10-12	13-农副食品加工业
	14-食品制造业
	15-酒、饮料和精制茶制造业
纺织及服装制品业 13-15	17-纺织业
	18-纺织服装、服饰业
	19-皮革、毛皮、羽毛及其制品和制鞋业
木制品及家具制造业 16	20-木材加工和木、竹、藤、棕、草制品业
	21-家具制造业
造纸及印刷制品业 17-18	22-造纸和纸制品业
	23-印刷和记录媒介复制业
化学制品业 19、20-21	26-化学原料和化学制品制造业
	27-医药制造业
	28-化学纤维制造业
橡胶和塑料制品业 22	29-橡胶和塑料制品业
非金属矿物制品业 23	30-非金属矿物制品业
金属加工冶炼业 24	31-黑色金属冶炼和压延加工业
	32-有色金属冶炼和压延加工业
金属制品业 25	33-金属制品业

续表

IFR 制造业行业分类及代码	国民经济行业分类与代码（GB/T 4754-2011）
通用及专用设备制造业 28	34-通用设备制造业
	35-专用设备制造业
汽车制造业 29	36-汽车制造业
	37-铁路、船舶、航空航天和其他运输设备制造业
电子和电气设备制造业 26-27	38-电气机械和器材制造业
	39-计算机、通信和其他电子设备制造业
	40-仪器仪表制造业
其他制造业分支 91	16-烟草制品业
	24-文教、工美、体育和娱乐用品制造业
	25-石油加工、炼焦和核燃料加工业
	41-其他制造业
	42-废弃资源综合利用业
	43-金属制品、机械和设备修理业

本书对 2006~2018 年 30 个省份（港澳台和西藏除外）机器人安装密度的测算结果显示：均值为 0.632，最小值为 0.004，最大值为 5.661。而王文等（2020）测算了 2009~2017 年 30 个省份（港澳台和西藏除外）的机器人安装密度①显示，均值为 0.395，最小值为 0.067，最大值为 2.129。与本研究的测度结果相比基本相差不大，但是本书研究的最小值小于其最小值，最大值大于其最大值，均值大于其均值。可能的原因是本书研究包含了 2006~2008 年的机器人安装密度，此阶段的机器人存量较小，同理，本书研究包含了 2018 年的机器人安装密度，机器人存量较大，导致本书研究机器人安装密度的范围大于王文等（2020）的。此外，由于王文等（2020）并未给出行业统一的标准，计算结果的微小差距也可能来自行业统一标准不一致。再与王文等（2020）给出的 2017 年各省份的机器人安装密度相比，其数据显示吉林、重庆等省份使用强度最大，新

---

① 王文等（2020）计算中使用的就业人数为"千人"，本书研究则使用"万人"，因此将其文中的均值、最小值和最大值做相应调整，以便于和本研究对比。

疆、宁夏等省份最小，与本书研究的测度结果基本相同。因此，在一定程度上说明本书研究测度的人工智能应用水平存在可信度。

3.1.3　中国人工智能的特征事实

分行业人工智能应用现状。据 IFR 的数据显示，中国的机器人存量从 1999 年的 550 台跃升至 2019 年的 782725 台[①]，年均增长率达 31.91%，是全球最具潜力的市场。就分行业的机器人存量来看，2006~2019 年使用机器人数量排名前三的行业分别为汽车制造业（69981 台）、电子和电气设备制造业（52036 台）、橡胶和塑料制品业（161779 台）[②]。以 2019 年各行业机器人存量的数据为例，从图 3-1 中可以看出汽车制造业、电子设备制造业、橡胶和塑料制品业的机器人使用数量依然很高，造纸及印刷制品业、纺织及服装制品业、木制品及家具制造业的机器人应用则处于较低水平。

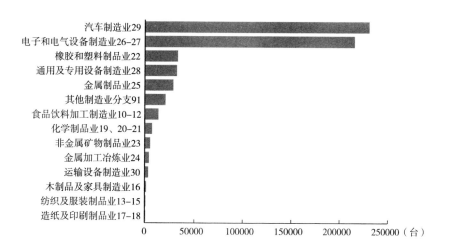

图 3-1　2019 年 IFR 分行业机器人存量

---

① 资料来源：IFR；全国层面的数据始于 1999 年；增长率为笔者计算所得。

② IFR 分行业的详细数据始于 2006 年。

全国和地区的人工智能应用现状。从图3-2中可以看出，无论是全国层面还是地区层面，机器人的安装密度均呈快速上升的趋势。就全国层面而言，机器人安装密度从2006年的0.028提高至2018年的2.300，年均增长率达44.25%。就区域层面来看，东部的机器人安装密度最高（0.842），中部次之（0.707），西部的最低（0.369），西部机器人安装密度与东部和中部间的差距存在扩大的趋势。此外，东部和中部地区的机器人安装密度高于全国平均水平，西部地区则低于全国平均水平。

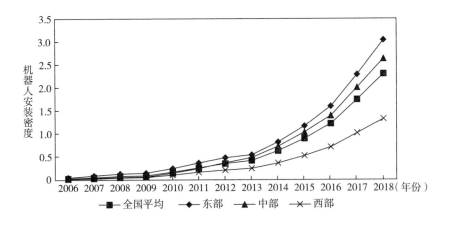

图3-2　全国及各地区人工智能发展水平

省级层面人工智能应用现状。图3-3为各省份2006年和2018年工业机器人的安装密度对比图。可以看出，2018年各省份机器人安装密度远高于2006年。2006~2018年平均机器人安装密度排名前三的省份依次为吉林（1.519）、广东（1.460）、天津（1.250），后三名的省份分别为甘肃（0.147）、新疆（0.113）、青海（0.105）。重庆、江西、湖北则具有较大的发展潜力，其机器人安装密度的增长率分别达到54.91%、53.89%、50.33%。

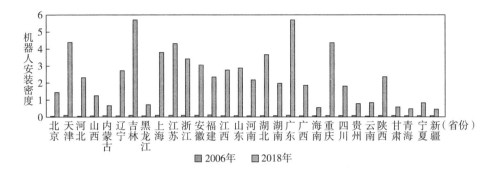

图 3-3　2006 年和 2018 年各省份人工智能应用情况

3.2　中国劳动收入份额的测度与特征事实

3.2.1　劳动收入份额的测度概述

测算劳动收入份额是研究问题的基础工作，涉及劳动报酬和增加值的界定等问题，学者们对此存在分歧。鉴于此，梳理有关各种测算劳动收入份额的方法是必要的，总结各种方法的优劣及适用范围，寻找更加适用于本书的劳动收入份额测算方法。

劳动收入份额测算相关的数据来源主要有省际收入法 GDP、投入产出表、国民经济核算的资金流量表（实物交易部分）。各数据来源存在时间跨度、项目记录的差别，适用的测算层级也略有差异。①省际收入法 GDP 数据。省际收入法 GDP 的构成分为劳动者报酬、固定资产折旧、营业盈余和生产税净额四部分。该数据可用于全国、省际以及行业层面劳动收入份额的测算。省际收入法 GDP 数据具有时间连续性强的优点，但由于采取分级核算的方式，地方 GDP 的加总和全国 GDP 存在不一致的情况。②投入产出表。由于是在逢二、七的年份进行编制，该数据不具有连续性。投入产出表的要素收入是将全国层面的数据按照产业部门进行划分的，适用于测算全国和分行业的劳动收入份额。③资金流量表（实物交易部分）。中国资金流量表的编制基于 GDP 的核算，记录了五大部门（非金融企业部门、金融机构、政府部门、住户部门和国外部门）之间的收支情况，适用于测算全国层面及机构部门的相关研究。考虑到省际收入法 GDP 数据具有连续性强的特点，适用于地区层面劳动收入份额的测算，是使用范围较为广泛的数据来源，本书劳动收入份额测算的是使用省际收入法 GDP 的相关数据。

在收入法 GDP 核算项目中，包括劳动者报酬、营业盈余、固定资产折旧和生产税净额，其中劳动者报酬属于劳动所得，营业盈余和固定资产折旧属于资本所得，对生产税净额的归属处理存在分歧。常用的劳动收入份额测度方法有以下两类：GDP 法劳动收入份额和要素法劳动收入份额（陈宇峰等，2013）。两种方法均直接将 GDP 核算项目中的劳动报酬作为劳动所得（分子相同），区别在于分母不同，具体来讲，要素法把生产税净额从 GDP 中剔除，GDP 法则未做处理。要素法劳动收入份额剔除生产税净额的理由在于，生产税净额是政府对国民收入的分享，并未涉及 GDP 的直接创造。此外，部分研究通过不同的处理方法将生产税净额在劳动所得和资本所得间进行划分。戴天仕和徐现祥（2010）把生产税净额按照其他三个项目现有的比例进行等比例分配，计算劳动所得和资本所得，产出则为劳动所得和资本所得的加总。匡国静和王少国（2020）同样利用该方法计算劳动所得和资本所得，然后使用 GDP 法计算得出劳动收入份额。这种在劳动和资本间等比例分摊生产税净额的方法得到了广泛应用（董直庆等，2013；王林辉和赵景，2015）。焦音学和柏培文（2020）则考虑到对生产税净额处理存在的争议，直接使用劳动报酬项目的数值作为劳动所得。

3.2.2 中国劳动收入份额的测度

为了进行比较和稳健性分析，借鉴陈宇峰等（2013）的做法，同时使用生产要素法和 GDP 法测算劳动收入份额。在上述提到的测算劳动收入份额的主要数据来源中，仅有省际收入法核算 GDP 报告了分地区的劳动收入相关数据。将省际收入法核算 GDP 作为测算地区劳动收入份额的基础数据。

省际收入 GDP 数据的来源：1978~1992 年数据来自《中国国内生产总值核算历史资料：1952-1995》；1993~2004 年数据来自《中国国内生产总值核算历史资料：1952-2004》；2005~2017 年的数据来自历年《中国统计年鉴》。需要说明的是，在《中国统计年鉴》中收入法 GDP 的核算相关数据仅更新至 2017 年。通过查阅各省份的历年统计年鉴，发现多数省份也并未报告 2017 年以后的数据，因此本研究将劳动收入份额的截止年份定为 2017 年。港澳台和西藏的数据缺失严重，予以剔除。海南省缺失 1978~1989 年的数据，因此使用 1990~2017 年的平均增长率通过线性插值法弥补；2008 年和 2013 年的数据缺失，则借鉴邹薇和袁飞兰（2018）的方法，采用相邻年份的均值补齐。重庆 1997 年从四川省分出成为直辖市，1997 年之前为二者相加的值。

$$要素法劳动收入份额 = \frac{劳动者报酬}{劳动者报酬+资本折旧+营业盈余} \qquad (3-2)$$

$$GDP 法劳动收入份额 = \frac{劳动者报酬}{劳动者报酬+资本折旧+营业盈余+生产税净额} \qquad (3-3)$$

3.2.3　中国劳动收入份额演变的特征事实分析

图 3-4 展示了全国 1978~2017 年的劳动收入份额变动情况。考虑到 GDP 法劳动收入份额和要素法劳动收入份额的变动趋势相同，为方便描述，以下均以要素法劳动收入份额的测算结果为例进行说明。就全国层面的劳动收入份额而言，表现出以下特征：①GDP 法劳动收入份额和要素法劳动收入份额的变动趋势相同，GDP 法劳动收入份额在分母中未剔除生产税净额，该方法计算的数值明显小于要素法劳动收入份额。②无论是要素法劳动收入份额还是 GDP 法劳动收入份额，都表现出非稳定的特征，这与卡尔多事实不相符。③在 1978~2017 年，

总体上劳动收入份额呈现出下降的态势。劳动收入份额从 1978 年的 60.81% 下降至 2017 年的 56.56%。④劳动收入份额存在阶段性变化的特征，1978~2003 年呈现高水平小幅波动；2004~2009 年呈现先下降后上升的"V"形特征；2010~2017 年整体呈上升趋势，但从 2015 年开始出现小幅下降。

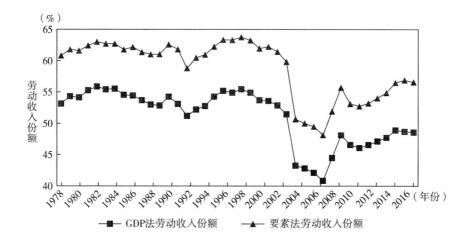

图 3-4　全国层面劳动收入份额变动

将数据分成东部、中部、西部①，图 3-5 和图 3-6 展示了两种方法下区域劳动收入份额的变化，可以看出区域劳动收入份额的变动趋势与全国基本相同。从中可以总结出区域劳动收入份额变动的以下特征事实：①从整体上看，西部地区劳动收入份额最高，中部次之，东部最低；②东部地区的劳动收入份额从 1978 年的 53.00% 上升至 2017 年的 55.18%，然而中部地区和西部地区的劳动收入份额总体上是下降的，中部的劳动收入份额从 1978 年的 64.30% 下降至 54.33%，西部则从 1978 年的 66.16% 下降至 2017 年的 58.37%；③尤其在 2004 年之后，

①　东部地区包括北京、天津、河北、辽宁、上海、江苏、浙江、福建、山东、广东、海南；中部地区包括山西、吉林、黑龙江、安徽、江西、河南、湖北、湖南；西部地区包括内蒙古、广西、重庆、四川、贵州、云南、陕西、甘肃、青海、宁夏、新疆。

地区间的劳动收入份额差距整体上呈缩小趋势，但是中部和西部的差距却在扩大。

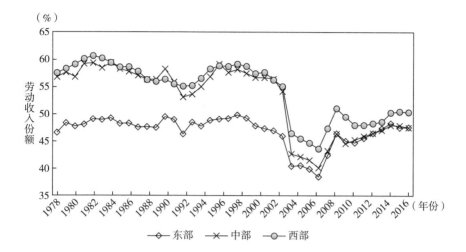

图 3-5　GDP 法分区域劳动收入份额

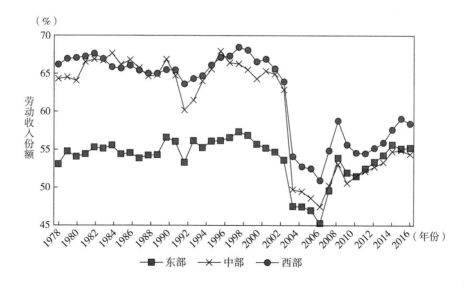

图 3-6　要素法劳动收入份额的变动趋势

为了更加直接地观察劳动收入份额的地区异质性，本书还绘制了 1978 年和 2017 年各省份的劳动收入份额变动趋势图，如图 3-7 和图 3-8 所示。需要说明的是，由于重庆 1997 年从四川分出成为直辖市，为方便比较，四川省的数据为重庆和四川加总。从中可以看出，2017 年大多省份的劳动收入份额低于 1978 年，北京、天津、辽宁、黑龙江、上海、贵州、新疆除外。

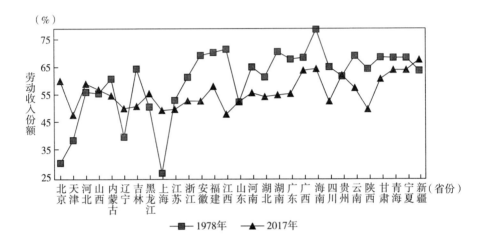

图 3-7　要素法下各省份 1978 年和 2017 年的劳动收入份额

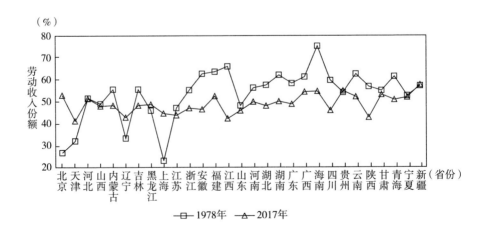

图 3-8　GDP 法下各省份 1978 年和 2017 年的劳动收入份额

3.3　人工智能与劳动收入份额的关系分析

3.3.1　人工智能与劳动收入份额发展趋势的关系

上文对我国人工智能的应用和劳动收入份额的变动情况分别做了分析，接下来简要探索二者的关联。根据上文的分析，人工智能应用使用分省份的机器人安装密度衡量，可获得的数据范围为 2006~2018 年；劳动收入份额分别使用 GDP 法和要素法测算劳动收入份额，劳动收入份额可获得的数据范围为 1978~2017 年，为便于分析，劳动收入份额均使用要素法劳动收入份额，GDP 法劳动收入份额用于稳健性检验。因此在二者关系的初步探究和实证检验章节将样本范围确定为 2006~2017 年 30 个省份的面板数据（因数据缺失，港澳台和西藏除外）。

2006~2017 年全国层面人工智能和劳动收入份额的均值变动趋势如图 3-9 所示，

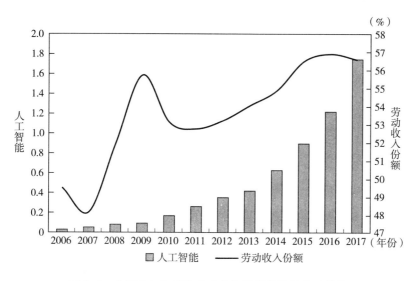

图 3-9　全国人工智能和劳动收入份额均值的变动趋势

可以看出，人工智能的应用处于逐步上升的态势，劳动收入份额则呈现波动趋势，但无法清晰判别人工智能和劳动收入份额的关系。2015 年前后人工智能迅速发展，伴随着劳动收入份额的下降。由此猜想是否是因为近年来人工智能的发展导致了劳动收入份额的下降。

3.3.2 人工智能与劳动收入份额区域分布的关系

图 3-10、图 3-11 和图 3-12 展示了东部、中部、西部地区人工智能应用状况与劳动收入份额的变动趋势。可以看出，人工智能与劳动收入份额的变动趋势存在地区差异。人工智能在东中西部地区均呈逐步上升的趋势，尤其是 2015 年以后获得快速发展。然而，伴随人工智能的发展，各地区劳动收入份额的变动出现不同的特征，对此，选取 2015 年之后的情况进行说明。就东部地区而言，2015 年出现波峰之后，劳动收入份额在 2016 年出现下降，但在 2017 年又有小幅度上升；就中部地区而言，劳动收入份额在 2015 年同样出现波峰，不同的是 2016 年和 2017 年均出现下降；就西部地区而言，劳动收入份额的波峰出现在 2016 年，

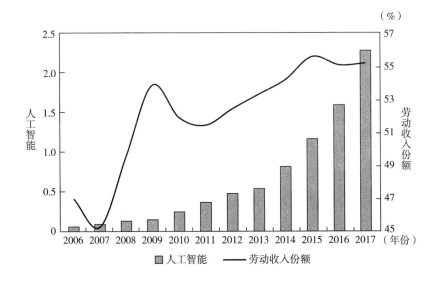

图 3-10　东部人工智能与劳动收入份额变动趋势图

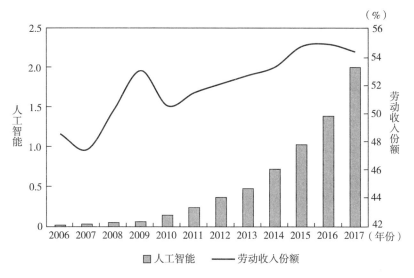

图 3-11　中部人工智能与劳动收入份额变动趋势图

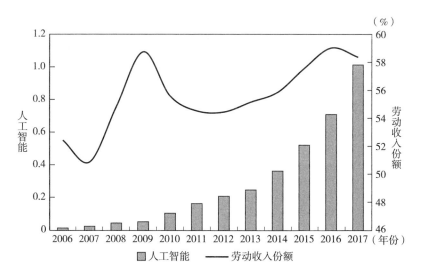

图 3-12　西部人工智能与劳动收入份额变动趋势

之后出现下降的趋势。2015 年之前，各地区劳动收入份额与人工智能变动趋势同样存在差异。总之，直观上人工智能与劳动收入份额的变动趋势存在地区异质性，但仍需要实证分析加以验证。

3.3.3　人工智能与劳动收入份额的相关关系检验

通过计算得出人工智能和劳动收入份额的相关系数为-0.038，表明人工智能与劳动收入份额为负相关关系。为了更加直观地展示人工智能与劳动收入份额之间的关系，绘制的拟合线如图3-13所示。从中可以看出，拟合线是向右下方倾斜的，初步说明了人工智能对劳动收入份额产生负向影响。由于拟合曲线并未添加控制变量，可能会存在偏差，因此在后续章节将使用实证检验方法更加严谨地进行论证。

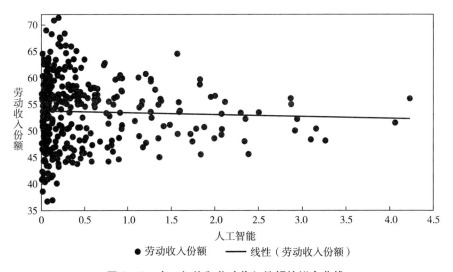

图3-13　人工智能和劳动收入份额的拟合曲线

3.4　本章小结

本章的主要内容是测度人工智能和劳动收入份额，并总结二者的特征事实。该部分内容有助于清晰地认识人工智能和劳动收入份额的发展趋势，为后续的实证检验章节提供数据支撑。通过测度分析,本章主要有以下发现:①人工智能应用的度量使用分省份的机器人安装密度,并从全国层面和地区层面分析 2006~2018 年人工智能应用的变动趋势和特征。第一,人工智能应用排名前三的行业分别是汽车制造业、电子和电气设备制造业、橡胶和塑料制品业;第二,人工智能应用呈逐年递增的趋势,尤其是 2015 年之后取得飞速发展;第三,人工智能的应用存在区域差异,东部应用程度最高,中部次之,西部最低,呈现明显的"东高西低"的特征;第四,人工智能应用排名前三的省份为吉林、广东、天津,排名后三位的是甘肃、新疆、青海,而重庆、湖北、江西的人工智能则具有较大的发展潜力。②对劳动收入份额同时使用要素法和 GDP 法进行测度,并对1978~2017 年的劳动收入份额变动趋势进行分析:第一,整体上劳动收入份额呈现波动下降的趋势,并非稳定不变,这与卡尔多事实不符;第二,劳动收入份额的变动具有阶段性特征,1978~2003 年呈现高水平小幅波动,2004~2009 年呈现先下降后上升的"V"形特征,2010~2017 年整体呈上升趋势,但从 2015 年开始出现小幅下降;第三,劳动收入份额在西部地区最高,中部次之,东部最低,存在"西高东低"的特征;第四,与 1978 年相比,2017 年东部地区劳动收入份额略有上升,中部和西部则有所下降,地区间的劳动收入份额有趋同的倾向。③通过计算二者的相关系数和绘制二者的拟合曲线,分析人工智能和劳动收入份额的相关性。第一,人工智能与劳动收入份额呈现负相关关系;第二,人工智能与劳动收入份额的变动趋势存在地区差异。以上发现仅为统计层面,更加严谨的分析需要后续章节的实证检验加以论证。

第4章 人工智能影响劳动收入份额的理论分析

4.1 核心概念界定

4.1.1 人工智能

4.1.1.1 人工智能的概念

人工智能最早可追溯至 1956 年在美国达特茅斯学院（Dartmouth College）举办的一次会议，该会议以"达特茅斯人工智能项目夏季研究"为主题，与会学者在控制论、自动控制原理以及复杂信息处理方面提出具有颠覆性的想法。50 年后，召开了达特茅斯会议的后续会议（名为 AI@50），在最初的核心成员中有 5 名出席了此次会议，总结了人工智能的实际进展，展望了未来 50 年的蓝图。参与者约翰·麦卡锡被认为是人工智能术语的发明者，会议现场的纪念牌匾写到：人工智能这个词就是这次会议上被使用的（托尼·布比尔，2021）。由于人工智能的迅速发展，其概念内涵也处于在不断变化之中，理论界有关人工智能的概念还未有定论（OECD，2021）。有关人工智能的定义大致可分为以下三类：

一是强调人工智能的学科属性，定义人工智能所要研究的内容。"人工智能之父"麦卡锡认为人工智能是研究制造智能机器、设计智能计算程序的科学工程。尼尔森指出，人工智能即为研究知识如何表示、学习以及运用的科学（Nilsson，1998）。李连德（2016）从科学角度更加全面地定义人工智能，"人工智能是研究、开发用于模拟、延伸和扩展人的智能的理论、方法、技术应用系统的一门科学"，其研究范围包括语音识别、图像识别、专家系统和机器人等。自然科学领域的学者往往注重人工智能的学科属性，着眼于从人工智能本身的研究范畴进行定义。

二是将人工智能定义为智能机器，即具有拟人特征的机器。杨伟国等（2018）将人工智能定义为：在工作任务执行环境中，通过模拟人的认知、思维行动的方式完成特定任务目标的机器设备，主要包括计算机和自动化设备。王春超和丁琪芯（2019）、张刚和孙婉璐（2020）均将人工智能简明概括为能够实现人脑功能的智能机器。加州大学人工智能领域的专家斯图尔特·罗素（Stuart Russell，2020）指出，人工智能是依据自身感知行动，实现特定目标的机器。人工智能核心的概念是智能体，即感知和行动的东西，将感知输入流转换成动作流的过程。

三是将人工智能定义为无形的系统、软件，突出其对决策的智能支持。经济合作与发展组织（OECD，2019）将人工智能视为一种基于机器的系统，它根据由人类指定目标做出相应的预测、建议或决定。欧盟统计局（2019）认为人工智能是具有自主性的系统，其借助文本挖掘、语音识别、机器学习等技术，基于收集到的数据提供能够实现目标的最佳行动方案。丹麦统计局（2019）认为人工智能是具备以下功能的计算机软件：利用数据分析、解决问题，并在图像、音频和文本中形成联系。冯鹏程（2020）将人工智能定义为能够模拟、延伸和拓展人类的能力、认知、感知的应用系统。

此外，有学者认为人工智能是多重属性的综合。我国《人工智能标准化白皮书（2018 版）》中将人工智能定义为一种模拟、延伸和拓展人的感知，获取、利用知识获得最佳结果的理论、方法、技术和应用系统；黄志（2021）认为人工智能属于技术创新，在与行业融合的过程中表现为有形的机器人和无形的软件、应用系统。

结合以上分析，本书对人工智能的定义如下：以自动化设备或计算机为载体，通过一系列技术手段（算法、程序），赋予机器类人的思维和行动方式，从而完成指定任务的技术创新。该定义侧重于人工智能的应用层面，将人工智能的本质归结为以智能机器为载体的技术进步，即在研究中偏向于将其视为技术进步进行分析。人工智能包含"人工"和"智能"两部分，其中"人工"指的是规则、目标、方向等由人工安排，"智能"则表现为智能体选取最佳方案达成既定目标的自觉。

与机械化和自动化概念的比较分析。机械化是依靠电力或其他动力系统驱动机器设备完成相应的工作，需要劳动力的参与；自动化指的是机器设备很少甚至不需要劳动力的参与即可完成特定的生产作业。机械化仍旧需要人力的推动完成生产，自动化则提高了对体力劳动力的替代，自动化是机械化的进一步发展。就人工智能而言，其源于自动化，但与自动化又存在区别。共同点在于完成特定的工作任务均是依靠实际的机器设备，不同点在于其设备的性能和搭载的软件。人工智能应用的载体机器人具有灵活作业的能力，搭载相关智能算法，模拟人的思维方式，确保机器设备准确高效地完成生产环节的任务，对劳动力具有更高的替代程度。

4.1.1.2　人工智能的发展及分类

人工智能技术是自动化技术发展的最高阶段。一方面，人工智能技术是从自动化技术发展而来，实现了对自动化技术的量变；另一方面，人工智能技术作为最前沿的技术，与蒸汽机技术、电气技术一样属于新型通用目的技术（GPTs），实现了对自动化技术的质变。最初的自动化装置仅用于特定机器，随着自动化技术实现对机器三大组成部分（发动机、传动机构和工作机）的覆盖，产生了通用自动化装置。"二战"中同盟国为准确击落敌军轰炸机，高射炮应运而生。高射炮为最初的通用自动化装置，它由计算机、雷达通信系统和操作平台组成，计算机主要用于测量周围环境的变化，并通过通信系统等传动机使得工作机做出实际行动。通用自动化装置与一般自动化装置的关键区别在于：通用自动化装置可以使用中央计算机控制整个系统，对结果进行调整实现"反馈循环"。"反馈循环"替代了部分原本属于人类的能力，推进机器体系向人工智能方向演进。当前的人工智能属于"反馈循环"的最新阶段（黄泽清和陈享光，2022）。

人工智能的发展经历了以下阶段：初代人工神经网络→基于符号处理的人工智能→基于概率论和统计学的神经网络。①20 世纪 50 年代，基于数学算法模拟人脑的初代人工神经网络（感知机）诞生。由于该模式难以识别较为复杂的概念，很快被淘汰出局，人工智能随后向着符号处理的方向发展。②80 年代，基于符号处理的人工智能。"专家系统"是典型的基于符号处理的人工智能，该系统的工作原理是将专家的专业知识以符号数值的形式输入计算机，用于解决问题。但存在以下缺点：庞大的知识输入导致额外的编程成本和维护成本；缺乏灵活性从而无法满足生产的多样化需求。③20 世纪末，产生了基于概率论和统计学的神经网络。神经网络被设计为三层或者更多层的结构，可以更好地处理复杂概念、模拟人类思维。神经网络的多层结构意味着所需处理的数据量增加、耗时增加，直到高速处理器（GPU）的诞生解决了这一问题。高速处理器可以提升系统中数据的运算速度，并联的高速处理器能够使得多层神经网络高速运行，这种神经网络已演变为"深度神经网络"或"深度学习"。

从技术特征出发，按照"类人"程度的不同将人工智能划分为弱人工智能（Weak AI）、强人工智能（Strong AI）、超人工智能（Artificial Super Intelligence，ASI）（杨虎涛，2020）。弱人工智能的特征是机器可以完成有限的任务，尚不具备人的意识，目前所处的阶段仍为弱人工智能阶段（沈红兵，2019）；强人工智能阶段，机器完全具备人的意识，可以像人一样完成任务；超人工智能的特征是机器具备自我进化的功能，可以通过编程等手段对自身的短板进行改进、优化。受限于对人脑工作原理的认识，在认识层面存在悖论，发展至强人工智能和超人工智能阶段还需较长时间。弱人工智能阶段的优势在于搜索、匹配、预测，机器可以更好地（超过人类的程度）完成单一任务，其价值在于标准化和数据化提升了机器的自动化程度。

4.1.1.3 人工智能应用案例——中国邮政

为了更加清晰地认识人工智能的概念，此处介绍源自国际机器人联盟（IFR）由梅卡曼德（德国）机器人科技有限公司（Mech-Mind Robotics，以下简称梅卡曼德公司)① 提供的中国邮政集团的案例。中国邮政成立于1997年，实行多元化经营，经营范围涉及邮政、物流、金融等业务。2020年，中国邮政集团有限公司总收入达6645亿元，实现利润6060.4亿元，在2021年《财富》世界五百强企业中排名第74位，在世界邮政企业中排名第2位②。

包裹分拣环节遇到的问题。包裹通过传输系统到达分拣区，此时包裹处于混杂状态。员工需要手动分拣包裹，将箱子形状的包裹放入推车笼，将软包裹放入塑料袋。庞大的包裹数量增加了员工的负担，导致分拣过程中出错的概率提高。加之2019年新冠疫情的影响，需要尽可能减少人力的使用。为解决上述问题，中国邮政决定实行自动化，向梅卡曼德公司寻求解决方案。

使用Mech-Mind智能包裹分拣系统。梅卡曼德公司决定使用带有吸力手柄的发那科机器人（Fanuc Robots），该机器人可以准确高效地将箱子形状的包裹放入推车笼，将软包裹放入塑料袋中。所涉及的一系列精确的动作由Mech-Viz软件③控制，该软件通过碰撞检查算法和运动规划算法确保机器人动作的稳定性。在识别包裹外包装方面，使用Mech Eye Pro摄像头④，该摄像头位于输送机末

---

① 梅卡曼德机器人科技有限公司成立于2016年，由清华海归创办，致力于推动智能机器人的应用。
② 中国邮政集团有限公司官网，http://www.chinapost.com.cn/html1/folder/181312/8228-1.htm。
③ Mech-Viz新一代机器人智能编程环境，内置轨迹规划、碰撞检测、抓取规划等智能算法，运动路径规划，机器人运动仿真配合软件内置多种碰撞检查算法，提前预测机器人运动中可能发生的碰撞。
④ 高性能工业级3D相机，可对众多类型的物体输出高质量的3D数据；多种相机型号，可以满足不同场景中抗环境光、高精度、高速度、小体积等多样化需求。

端，机器人上方。每次扫描都提供了高质量的图片和高质量的点云①，通过最先进的算法生成点云，使机器人能够处理不同形状和颜色的对象。

发那科机器人（FANUCR1000IA/80F）助力中国邮政实现了包裹分离过程的自动化。机器人的使用一方面高效解决了中国邮政在包裹分拣环节遇到的员工疲劳、错误分类问题；另一方面在新冠疫情期间减少了人力的使用，以此减少人员的流动和集聚。

从中国邮政的案例中可以直观地感受到人工智能的应用，加深对人工智能概念的理解。可以看出，机器人是人工智能技术的具体表现，集成了算法、软件系统等技术。比如，上文提到的发那科机器人，其内置了 Mech-Viz 软件使用算法防止机器人动作产生的碰撞，Mech Eye Pro 摄像头则通过扫描生成点云，用于机器人对外包装的准确识别。一系列的算法软件、视觉传感器等智能技术以机器人为载体表现出来，使得机器拥有类似人的视觉、听觉、触觉等即感知智能，并对所处的环境做出反应，人工智能的概念得以通过机器设备外化。

4.1.2　劳动收入份额

4.1.2.1　劳动者

"劳动"一词源于马克思的"劳动价值论"，劳动是创造价值的唯一源泉。劳动力指的是劳动的能力，劳动者指的是劳动的人。在马克思的理论中，劳动者属于无产阶级，没有任何生产资料，依靠向资本家出卖劳动力获得相应收入。

对于劳动者的含义存在多种解释，现代经济学词典给出劳动者的三种定义：第一种是劳动或者劳动力（Labor），指的是具备参与生产活动能力的一切人力资源；第二种是劳动力（Labor Force），社会中处于工作岗位，或者是正在积极寻找工作岗位的人；第三种是劳动力（Labor Power），属于马克思理论中的专

---

① 依据测量仪器对目标物体进行数据采集，可以得到目标表面特性的海量点集合。每个点都包含 X、Y、Z 几何坐标、强度值、分类值等信息，而这些点组合在一起，就会形成一个"点云"（Point Cloud）。

业术语。三种劳动者的定义涵盖的范围逐渐缩小，第一种泛指一切具有劳动能力的人；第二种聚焦于正从事生产活动、正积极谋求工作岗位的人群；第三种专指马克思理论中的专业词汇。其中，第二种定义为通常所说的劳动者。本书借鉴第二种解释，将劳动者定义为参与生产活动并获得相应劳动收入的人。

4.1.2.2　劳动收入份额

劳动收入份额是在初次分配中劳动收入在总收入中所占的比重，反映劳动者对经济成果的分享程度。学界有关劳动收入份额本质的认识基本一致，但是对劳动收入和总收入认识的差别使得劳动收入份额的概念出现细微变化。劳动收入份额概念和测算方法最早提出者为 Kuczynski（1928），其在论文《工资与制造业增加值中的劳动收入份额》中将工资总量占工业增加值的比重视为劳动收入份额。Gujarati（1969）则认为雇员总的报酬在总增加值中的比重为劳动收入份额。

劳动收入是劳动者因从事生产性活动所获得的收入。我国的《中国统计年鉴》从 1995 年开始出现劳动收入（劳动报酬）的解释，1995 年的解释为"劳动者为常住单位提供劳务而获得的各种报酬"，1997 年更新为"劳动者因从事生产活动获得的全部报酬"，2016 年将全部报酬细化为"既包括货币形式的报酬，也包括实物形式的报酬"，沿用至今。可见，劳动收入的定义发生了以下两方面的变化：一是取消劳动收入只能从常住单位获取的限制，扩大了劳动收入的来源渠道；二是明确将实物收入归为劳动收入的一部分，丰富了劳动收入的内涵。劳动收入具体包括工资、奖金、津贴和补贴，单位为其员工交纳的社会保险、补充社会保险费和住房公积金、行政事业单位职工的离退休金、单位为其员工提供的其他形式的福利和报酬。与"居民收入"相比，"居民收入"包括劳动收入、资本收入或财富收入，例如房屋租金、股票投资、存款利息等财产性收入属于"居民收入"，但以上这些并非劳动收入。相比于"居民收入"，劳动收入的概念更为狭窄，不包括土地资本、金融资本的收入。

总收入即为生产活动的总产出。总收入的衡量可以使用国内生产总值或者国民收入，国民收入减去国外的要素收入净额即是国内生产总值，但是由于国外的要素收入净额占比相对较小，可以忽略不计（倪旭君，2017）。为了便于计算，通常使用国内生产总值作为总产出的衡量指标，并且在我国的国民经济核算体系中按照收入法计算的 GDP 包含劳动报酬、营业收入、固定资产折旧以及生产税净额四部分。

4.2　人工智能的技术—经济特征

4.2.1　智能渗透的广泛性与非均衡性并存

人工智能属于通用目的技术。2017 年联合国发布了《新技术革命对劳动力市场和收入分配的影响》，其将人工智能定义为一项通用目的技术（General Purpose Technology，GPT），与蒸汽机、电力、计算机在历次工业革命中发挥的作用相同。人工智能具备的自我学习能力使其满足通用目的技术的三个条件：大范围的推广应用、技术更新换代、相关创新活动涌现（Brynjolfsson et al.，2017），并渗透至生产生活的方方面面。根据 Bresnahan 和 Trajtenberg（1995）对渗透性的定义，智能渗透性指的是人工智能与生产生活、各行业融合的一种潜能。

人工智能渗透的广泛性。深度学习、机器算法技术、计算机视觉、自然语言处理等核心技术的突破，为人工智能对各行各业的渗透创造了条件（沈建光等，2021），人工智能融合应用为设备赋智，为企业赋值，为产业赋能。从设备来看，工业机器人、服务机器人、自动驾驶汽车等嵌入人工智能技术，为机器设备插上智能的翅膀，实现了人工智能技术的产品化；从企业来看，人工智能技术渗透至企业的生产、管理、存储等环节，智能制造产品运用于生产，大数据助力人力资源管理、研发决策等，智慧搬运、智能配送机器人优化仓储系统；从产业应用来看，人工智能在安防、金融、零售、医疗、政务、交通、制造、家居等行业的渗透程度日益加深，拓展了一系列"智能+"（智能安防、智能机器人、智能教育、智能物流等）应用场景。未来人工智能的应用将无处不在，推动生产生活的智能化、数字化转型，将会迎来万物智能的新时代。

人工智能渗透的非均衡特征。各经济主体（地区、行业、企业）变革的需求程度、面临的外部环境、技术惯性依赖等因素，导致人工智能与经济主体的融合程度和应用前景存在差异，即人工智能的渗透性表现出非均衡的特征。地区间（企业间）经济发展水平（盈利水平）、劳动力技能结构、政策支持等方面的差异，引起地区间（企业间）在获取信息的地位、获取资源的权力、引进技术的能力各不相同，最终影响人工智能技术对地区（企业）的穿透力。行业提供产品和服务方式的异质性以及产业政策扶持的偏向，导致部门间人工智能技术渗透性的差异，存在率先应用人工智能的前沿产业和后继应用人工智能的后发产业之分，前沿产业包括金融服务业、保险业、汽车行业等，后发产业则包括建筑业、公用事业、农业等（布比尔，2021）。此外，人工智能专利较强的专用性特征制约人工智能的渗透程度，比如既有人工智能专利文件中 15% 提到了通信技术，12% 提到了生命医药科学，11% 提到了个人服务、计算机和人机互动，其他专利还涉及制造业、银行、安全等特定行业（郭凯明，2019）。

4.2.2 资本、技能、数据偏向性

（1）人工智能的资本偏向特征。人工智能是一种自动化技术或者称为资本体现式技术进步，人工智能软性技术以机器设备为载体表现出资本偏向的特征。企业为了在产品市场中获取超额利润、维护市场份额，倾向于采用人工智能技术来提高产品的生产效率，也就是将人工智能产品（智能机器设备）应用于生产过程。人工智能作为行使资本权力的载体，在资本雇佣劳动的逻辑下，人工智能的使用能节约劳动时间、降低劳动力的价值，资本在攫取高额剩余价值的同时，减少了劳动力的集体议价能力，因此企业偏好于使用具有资本偏向的人工智能。此外，人工智能专家称，使用、维护、升级机器人支付的费用仅为雇佣人类劳动

力的 1/3，并且机器人在生产过程中具有更高的可靠性和准确性（布比尔，2021）。

（2）人工智能的技能偏型特征。人工智能技术需要先进的算法和模型，与计算机、互联网技术一样，具有技能偏向，掌握这种技术需要高人力资本投资。相比于以往的技术进步，人工智能具有高技术复杂度的特征，比如算法、视觉处理、图像处理、机器学习等是人工智能应用的关键技术。集成如此多复杂技术的人工智能离不开技能劳动力。与非技能劳动力相比，技能劳动力具有更专业的知识和较强的学习、适应能力。一方面技能劳动力从事人工智能底层技术的研发，推动人工智能技术的发展；另一方面人工智能在生产过程的应用方面需要懂得人工智能技术的技能劳动力进行管理、维护，有助于人工智能的推广应用。由此可见，技能偏向是人工智能技术存在的显著特征。

（3）人工智能的数据偏向特征。数据是人工智能发展的基础之一，正所谓"无数据不 AI"。人工智能应用中涉及的视觉与图像处理、语音识别、机器学习等均需要以数据为支撑。大数据是人工智能技术发展的基础，2020 年发布的《中共中央　国务院关于构建更加完善的要素市场化配置体制机制的意见》提出要加快培育数据要素市场，数据要素成为助推经济高质量发展的关键要素。以视觉与图像处理为例，在中国邮政的案例中，机器需要对包裹的外包装进行识别，直观的是专业摄像头直接进行精确分拣。实际上，之所以能够准确识别外包装，主要是因为输入了大量的数据进行模型训练、学习。类似于人类学习识物的过程，首先需要看到多种物品，其次总结其特点，最后对物形成认知和精准识别。语音识别的过程与之类似，需要大量语料的输入，语料也可以被看作广义上的数据。由此可见，人工智能技术的发展和应用离不开数据。中国凭借庞大的网民数量，在数据生产上占据优势，但同时应关注数据安全问题。

4.2.3　协同性

（1）人工智能生产过程的协同性。就生产过程而言，人工智能的应用高效连接生产的各个环节，节约产品生产耗费的时间，提高生产过程的协同性。智能生产过程将机器、劳动多维数据间关联关系进行分析，将分析结果转化为新的生产指令，最大限度提高生产投入的效率。随着生产环节中越来越多的智能机器设备接入，使得这些机器设备之间的互联互通程度提高，生产环节数据积累增加，机器学习将发挥重要作用。芬兰制造业咨询师米卡·坦斯卡宁（Mika Tanskanen）认为，使用正确的算法，与生产相关的内部因素会逐渐被系统识别，商品的功能得以优化，生产效率得以提高（布比尔，2021）。

（2）人工智能的产销协同性。人工智能通过对生产和销售环节收集的数据集进行分析，形成智能化的指令，加强产销的协同性。在生产决策环节，收集的销售数据为生产何种产品或何种性能的产品提供依据，提高生产决策的准确性，将消费者需求与产品供给相协调。消费者数据的收集、分析不仅包括需求量，更重要的是消费者对产品功能的要求，意味着消费者参与生产过程，催生了柔性生产或定制需求生产。人工智能提高了供需的协同性、投入和产出的协同性，其实质是将数据转化为智能生产、决策，提高要素资源的配置效率。

4.3 人工智能影响劳动收入份额的总效应分析

技术进步的有偏性。希克斯（Hicks）认为，技术进步是中性的，对于资本和劳动要素具有同等的影响。然而，在实际经济活动中，技术进步存在偏向性的特征。Acemoglu（2002）明确提出，技术进步并非是中性的，而是存在偏向性的，这种偏向性技术进步带来投入要素占比的变化，同时对要素生产效率产生影响。如果技术进步带来的一种生产要素的生产率增长快于另一种生产要素，则称技术进步偏向于生产率增长较快的生产要素。

价格效应和规模效应对技术进步偏向产生重要影响（杨飞，2014）。价格效应指的是技术进步倾向于研发更加昂贵的商品或使用价格较高的生产要素，高价的商品或要素使得获取的利润更高，驱动稀缺要素的使用；市场规模效应的含义是，技术进步与丰裕的生产要素相结合，生产要素越丰富表明其市场规模越大，技术进步与该要素结合进行生产提高企业的市场占有率。价格效应和规模效应引起的技术进步偏向具有相反的力量，前者倾向于使用稀缺要素，后者倾向于使用丰裕要素，最终偏向于何种要素取决于要素之间的替代弹性。资本和劳动是企业生产过程中需要投入的主要生产要素，当资本和劳动两种生产要素的替代弹性大于 1 时，市场规模效应发挥主要作用，技术进步偏向使用丰裕生产要素。相反，当资本和劳动的替代弹性小于 1 时（两要素互补），技术进步偏向使用稀缺生产要素。

技术进步偏向对要素收入分配份额起决定性作用。在完全竞争市场中，要素报酬取决于自身的生产率水平。在技术进步不变的假定下，要素的报酬份额保持稳定。现实世界中，技术进步是普遍存在的现象，且具有偏向性的特点，技术进步对不同要素需求和生产率的影响各异，这就导致生产中要素的分配份额和数量发生变化。从要素的需求视角分析，倘若技术进步偏向于资本，资本的生产率提高的速度就会快于劳动要素的速度，生产中则倾向于使用资本要素，最终使得资本在国民收入中的份额提高。由此，技术进步的偏向性决定了要素的报酬份额的大小。

人工智能呈现物化型技术进步的特征，属于资本偏向性技术进步。技术创新大致可以分为两类：一类是以新思想、新方法、新专利等形式表现的技术进步，需要投入大量的研发经费，是资本投资积累到一定程度的结果；另一类是以新设备、新生产线、新产品等形式表现的技术进步，表现出技术进步的物化特征，也就是技术进步内含于机器设备等实物投资中。可以看出，两种形式的技术进步均需大量的资本投入。就人工智能而言，其以先进机器设备为载体，内含高技术和高复杂度的软件系统。人工智能技术的渗透越广泛意味着机器设备的使用规模越大，人工智能技术与资本融合发展，更加表现出资本偏向的特征。

就人工智能对要素需求影响的角度而言，增加了资本要素的使用，对劳动要素使用数量的影响具有不确定性。随着我国劳动力人口的减少和人口老龄化程度的加深，要素禀赋结构逐渐发生变化，廉价劳动力时代成为过去式；改革开放以来，我国历经快速发展的阶段，资本积累获得提升。劳动力成本的上升和资本积累的提升，刺激企业开始使用以工业机器人为载体的人工智能技术，增加对资本要素需求的同时减少了对劳动要素的需求。

人工智能对劳动要素的需求取决于岗位替代效应和创造效应。第一，替代效应。人工智能的替代效应指的是人工智能的应用挤占了劳动力的工作岗位，造成劳动力的失业。劳动时间可以具体划分成活劳动时间和物化劳动时间。在假定总量劳动时间一定的情况下，人工智能的应用增加物化劳动时间，相应地减少活劳动时间，每个劳动岗位所需要的劳动力会减少。当劳动力成本的上升超过投入机器的成本时，企业在决策时就会倾向于使用机器替代劳动力。具体表现在以下几方面：人工智能的应用属于资本体现式技术进步，外化为机器投入的增加，不变资本的增加引起资本有机构成的提高，导致劳动力相对过剩；人工智能的应用导致机器设备的更新换代，造成与被淘汰机器设备相匹配的劳动力的失业；人工智能的应用加剧了智能化、数字化的相关需求，使社会需求结构发生改变，需求旺盛的部门的劳动力需求会相应增加，需求不振的部门的劳动力需求会减少。第二，岗位创造效应。岗位创造效应指的是人工智能的应用催生新产业、新业态、新需求等，由此产生新的工作岗位，引起劳动力需求的增加。人工智能对劳动力的替代程度受到人力资本水平的影响（王丽媛，2021）。人工智能的广泛应用对劳动力的技能水平提出更高的要求，增加了人们对教育行业的需求，扩大教育和培训行业的就业规模。人工智能技术使得产业分工进一步深化，产业链得到延长，生产成本得以节约，市场范围得到进一步拓展，最终产生新的就业机会。人工智能技术的研发、推广和应用均需要大量的劳动力，同时为了适应人工智能技术变革的需要，劳动者则需要接受更长时间的教育和技能培训，这就对教育培训人员产生大量需求。

人工智能是一项具有颠覆性、渗透性的技术，其会对原先的技术结构平衡造成破坏，导致短时期内技术结构性失衡问题的出现，由于旧产业的前景不被看好导致投资减少，而新的产业规模化、创造大量的工作岗位则需要很长时间，因此，在这一时期人工智能对就业的替代效应较为严重。目前，人工智能应用处于初期，体现为对传统部门的重构，其技术的扩散程度和对相关行业的带动作用尚未完全发挥出来，大规模的岗位创造尚不现实。因此，人工智能的就业替代效应占主导地位，进而人工智能会降低劳动收入份额。综上所述，本书提出假设 1a。

　　假设 1a：人工智能的应用表现为资本偏向型技术进步，增加了资本要素的使用，从而降低劳动者对经济成果的分享程度，即人工智能的应用降低劳动收入份额。

　　劳动收入份额并非稳定不变，随着劳动收入份额的变动，人工智能对劳动收入份额的影响可能会发生系统性的变化，即在不同的劳动收入份额水平下，就业的创造效应和替代效应的作用大小不同，人工智能对劳动收入份额的影响也会相应地发生变动。

　　当劳动收入份额处于较低水平时，人工智能对就业的替代效应占据主导地位。劳动收入份额处于较低水平意味着劳动者的收入水平较低，高收入群体与中低收入群体的收入差距较大，劳动者的消费能力不足。人工智能的发展需要消费的拉动，劳动者消费能力不足不利于人工智能技术的扩散，相关行业的生产规模无法扩大，人工智能岗位的创造效应较弱。因此，人工智能对劳动力的替代效应大于岗位创造效应，就业的减少最终导致劳动收入份额的降低。

　　当劳动收入份额上升时，人工智能对就业的替代效应减弱，岗位的创造效应逐渐显现。劳动报酬占比的提高改善收入分配结构，意味着社会收入差距的缩小。劳动者收入的增加会带来两方面的影响：一方面，劳动者的闲暇变得稀缺，劳动者倾向于减少劳动时间，助推人工智能的广泛应用；另一方面，劳动者收入的增加，提升了全社会的消费能力，对人工智能相关需求的提高促进人工智能的应用，扩大相关行业的生产规模，人工智能的岗位创造效应的作用逐渐显现，因此人工智能对劳动收入份额的负向作用会减弱甚至不显著。

我国不同地区的经济发展程度、人力资本水平、财政支出等差别较大，因此人工智能对劳动收入份额影响可能存在地区差异，不同劳动收入份额水平下人工智能对劳动收入份额的影响具有地区异质性。在假设 1a 的基础上，从劳动收入份额水平分解角度出发，探究人工智能对劳动收入份额影响，提出假设 1b。

假设 1b：不同劳动收入份额水平下，人工智能对劳动收入份额的影响存在差异，且具有地区异质性。

4.4 人工智能影响劳动收入份额的空间溢出效应分析：技术扩散视角

技术扩散（Technology Diffusion）指的是技术创新在空间层面的流动和转移，其本质是技术创新从技术策源地扩散至其他地区，是新技术获得广泛应用的重要途径。技术扩散包括观点、技术研发和技术实施的扩散（傅家骥，1992），是技术创新的后续子过程，其涉及技术的提供方、接受方、扩散环境。地区间技术势能的不同，即各地区间技术发展水平存在差异，会存在一种拉平地区间技术势能的力量，通过相互学习、模仿从而造成技术的传播和扩散（曾刚和林兰，2006）。随着我国市场化进程的加快，交通基础设施的完善，地区间的贸易往来、交流日益频繁，为地区间技术扩散提供了便利条件。人工智能技术的扩散则是经济实现高质量发展的关键（程文，2021）。

人工智能技术的地理空间扩散效应。从技术革命发展的历史和规律来看，人工智能技术首先发生于技术策源地，其次随着人工智能技术的日渐成熟，向其他地区扩散、蔓延（刘刚和刘晨，2020）。人工智能技术扩散的程度受制于以下因素：技术接受区的技术基础和人力资本水平、地区间的距离因素、政府的干预等。技术接受地区对于智能化转型的迫切需求促使其主动学习人工智能技术，与技术策源地差距较小有利于技术接收方学习前沿的人工智能技术，较高的人力资本水平则有助于消化复杂的人工智能技术并进行模仿创新。根据技术扩散理论，距离是影响技术扩散的重要因素，随着距离的增加，技术扩散强度会出现衰减。距离较近的地区经济联系较为紧密、交通成本低、人员流动频繁，不仅加快了有关人工智能显性知识的扩散，而且促进了默会知识的传播。人工智能技术的应用具有高度的复杂性和不确定性，市场主体需要承担技术研发和使用的风险，市场失灵可能会使得技术优势用户使用的基数少而被低端技术锁定，政府通过政策引导、资金援助为人工智能技术的有效扩散提供支持，促进技术的更新换代（邹樵等，2011；刘刚和刘晨，2020）。人工智能作为技术进步的最新表现，同样存在空间扩散效应。人工智能技术的地区扩散效应主要体现在以下几方面：

地区间对人工智能技术的学习、模仿。一个地区是否采纳或使用人工智能技术受到来自其他地区人工智能发展水平的影响，地区间的信息交流和模仿学习带来人工智能技术的扩散。一方面，人工智能属于颠覆性和革命性的新型通用目的技术，新技术的采用具有较高的成本、风险，也就是说人工智能技术的使用同样存在巨大的创新风险（程文，2021），技术相对落后的地区通过模仿和学习避免决策的不确定和潜在的损失，随之人工智能技术在地区间获得扩散；另一方面，率先使用人工智能技术的地区具有较高的生产效率、企业获得超额利润产生示范效应，技术落后地区为了提高竞争力、缩小地区经济发展差距，倾向于引入先进地区的人工智能技术，通过吸收、模仿、改进从而实现技术进步。简言之，为了减少人工智能这一新技术使用的风险以及迫于市场竞争的压力，地区间通过模仿和学习促使人工智能技术扩散，产生相关知识、技术的溢出。因此，人工智能存在技术扩散效应，使得地区间的人工智能技术应用存在空间联动，从而影响劳动收入份额。

人工智能技术引起生产要素在区域间的流动。就劳动要素而言，人工智能渗透的地区非均衡引起地区间的生产率水平、就业机会存在差异，生产率水平、就业机会则是影响劳动力迁移的重要因素。人工智能的岗位创造效应增加了就业机会，人工智能的替代效应减少了就业机会，二者的共同作用引起劳动力市场工作岗位的增减，劳动力失业增加了区域的流动性（Huttunen et al.，2018）。面对人工智能对就业的负向冲击，劳动力有三种选择：在本地劳动力市场中寻找并从事新的工作；迁移至机器人安装密度低、就业岗位多的其他地区；完全退出劳动力市场。劳动力市场就业机会的多寡是影响劳动力迁移的重要因素，人工智能技术促使劳动力在地区间重新配置（陈媛媛等，2022）。一方面，在其他条件不变的情况下，地区就业人数的变化直接影响劳动收入份额，就业人数的增加提高劳动收入份额，就业人数的减少则降低劳动收入份额；另一方面，劳动力在区域间的流动促进知识的传播和扩散，有利于人工智能技术空间扩散效应的释放。人工智能带来的就业机会的增减、工资的变化均会引起劳动力在地区间的流动，最终影响地区劳动收入份额的变化，即人工智能对劳动收入份额存在跨区域的影响。

综上所述，一方面，人工智能存在的空间扩散效应影响其他地区的人工智能发展，从而影响其他地区的劳动收入份额；另一方面，人工智能通过引起劳动力的流动，从而影响本地区和邻近地区的劳动收入份额。基于以上两方面的理论分析，本书提出假设 2a：

假设 2a：人工智能对劳动收入份额的影响存在空间溢出效应。

人工智能技术空间扩散的阶段性特征。瑞典学者 Häegerstrand（1952）最早对技术的空间扩散进行研究，技术的发展可以分为四个阶段，分别是初始阶段、扩散阶段、冷凝阶段、饱和阶段。距离的增加伴随技术扩散势力的衰减，因此技术扩散存在空间上的"近邻效应"（林兰，2010）。处于不同的阶段，技术的扩散随距离衰减的特征也有所差别。初始阶段技术扩散强度随距离衰减的特征显著，但当技术处于扩散阶段、冷凝阶段、饱和阶段时，技术扩散随距离衰减的特征逐渐弱化。人工智能是未来发展的重要趋势，但是，目前人工智能还处于初期的弱人工智能阶段。不同的人工智能发展阶段，对经济影响的程度不尽相同，对劳动收入份额的影响也存在差别。现阶段弱人工智能的属性，使得其对劳动收入份额的影响以短期效应为主。基于以上分析，本书提出假设 2b：

假设 2b：人工智能对劳动收入份额的空间效应存在长短期的差别，以短期效应为主。

4.5　人工智能影响劳动收入份额的门限效应分析：人口结构转变的视角

劳动力素质提高和人口老龄化程度加深是我国人口结构转变的两大重要特征。就人口老龄化而言，2010 年以来我国老年人的数量和占比呈逐步上升的趋势。60 岁及以上老年人口的数量从 2018 年的 2.49 亿人①上升至 2019 年的 2.54 亿人，相应地占总人口的比重从 17.9% 增长至 18.1%，增长速度相对较低。七普②数据则显示，60 岁及以上老年人的数量为 2.64 亿人，占比快速跃升至 18.7%。就劳动力素质水平而言，我国劳动力的受教育水平大幅度提高。2010 年，我国 10 万人中具有大学文化程度的人口为 8930 人，2020 年这一人数增加至 15467 人③，大约是 2010 年的 2 倍。我国人口结构转变与第四次工业革命相互交织，其在人工智能影响劳动收入份额的过程中扮演着重要角色。本节将立足我国人口结构转变的现实背景，分析人力资本和人口老龄化在人工智能影响劳动收入份额中的门槛效应。

4.5.1　人力资本

人工智能技术的发展带来新产业、新业态，促进产业结构的转型升级，随之

---

① 该句中的数据均来自《中国统计年鉴 2020》。

② 第七次全国人口普查的简称。2021 年 5 月 11 日，国家统计局发布了《第七次全国人口普查主要数据情况》和《第七次全国人口普查公报》。

③ 《第七次全国人口普查公报》。

而来的是新工作岗位的产生。在人工智能技术条件下，新创造的工作岗位对劳动力的人力资本水平提出更高的要求，不同于以往操作型的劳动力，技能型和知识型的劳动力发挥着举足轻重的作用。劳动力人力资本水平的提升不仅能够实现劳动力与新型工作岗位的匹配，同时增强劳动力的再就业的能力。

从劳动力与岗位匹配角度而言，人力资本水平的提高使得劳动力更好地适应人工智能技术，提高劳动力与人工智能岗位的匹配程度，最终削弱人工智能对劳动收入份额的抑制效应。人工智能技术创造的就业岗位通常需要高学历、高技术水平，从而使得劳动密集型产业逐渐边缘化（张新春和董长瑞，2019）。为了适应人工智能技术的变革，劳动力通过接受教育和培训增加知识储备，提升自身的人力资本水平。劳动力人力资本水平的提升满足工作岗位的需要，实现劳动力与岗位的匹配，提高劳动者素质与人工智能技术的协调发展程度，助力劳动者实现高质量就业。人工智能的岗位创造效应在劳动力供需协调的作用下更加凸显，因此会减弱人工智能对劳动收入份额的抑制作用。

从抵御失业风险的角度而言，在面临失业情况下，具有高水平人力资本的劳动力重新回归劳动力市场的概率相对较大，即劳动力实现再就业相对容易，从而有助于削减人工智能对劳动收入份额的负向影响。由于技术升级、机器设备更新换代、企业破产等原因，劳动力面临潜在的失业风险，高水平人力资本可以凭借较强的学习能力掌握新岗位所需的新技能，可以实现再就业"回流"，而低水平人力资本则很难重回劳动力市场。人力资本水平的提高有助于降低劳动力失业的风险，增加再就业的机会，因此人力资本水平降低了人工智能对劳动收入份额的抑制效应。

从人工智能应用角度而言，人力资本水平的提高有利于人工智能技术的应用和扩散，促进人工智能与传统产业的融合，创造出更多的就业岗位，从而加强人工智能的劳动岗位创造效应，减弱由人工智能就业替代效应引起的劳动收入份额下降。相关研究表明，中国大学扩招带来的人力资本提升促进企业采用新技术（Che and Zhang，2018）。高水平人力资本劳动力还可以解决人工智能应用过程中的若干难题，实现人工智能对各行业的赋能，随之产生新的就业岗位，最终对人工智能的劳动收入份额的抑制效应产生了削弱作用。基于以上分析，提出假设 3a：

假设 3a：人力资本水平的提升能够有效削弱人工智能对劳动收入份额的负向影响。

4.5.2　人口老龄化

人口老龄化程度的加深是中国无法忽略的现实情况，其深刻影响着劳动力市场。人口老龄化在人工智能影响劳动收入份额过程中所起的作用主要表现在以下两个方面：

一方面，老龄化程度的加深意味着劳动适龄人口的相对减少，由此引发的劳动力成本上升倒逼企业进行"机器换人"，人工智能的就业替代效应随之增强，加剧了人工智能对劳动收入份额的抑制效应。当劳动力的成本大于机器时，企业倾向于选择使用人工智能替代劳动力，人口老龄化加速了"无人化"的进程，即增大了人工智能的就业替代效应，因此人口老龄化加剧了人工智能对劳动收入份额的负向影响。

另一方面，人口老龄化程度的加深不利于社会整体消费水平的提升，阻碍人工智能相关产业部门扩大生产，造成新创造就业岗位的不足，增强人工智能对劳动收入份额的负向影响。相关研究表明，消费水平会随着年龄的增长出现下降，并且在中国得到证实（Hurst，2008）。人口老龄化程度的加深，产生了年龄结构效应，导致消费不足（蔡昉和王美艳，2021）。消费不足制约人工智能相关部门的扩大再生产，也就无法带来足够的就业岗位，最终使得人工智能对劳动收入份额的抑制作用加强。由此，提出假设 3b：

假设 3b：人口老龄化程度的加深增强人工智能对劳动收入份额的负向影响。

4.6 人工智能影响劳动收入份额的传导机制

本节着重分析人工智能影响劳动收入份额的劳动力议价能力渠道和产业结构变迁渠道。产业结构变迁涵盖产业结构高级化与产业结构合理化两个层面的内容。劳动力议价能力指的是劳动者与企业在工资谈判中，劳动者具有的谈判力量。产业结构高级化定义为经济社会中主导产业的发生变化，由劳动密集型产业向知识密集型、技术密集型产业的转变。有关产业结构合理化的内容分为结构协调论、结构功能论、结构动态均衡论以及资源配置论（黄中伟和陈刚，2003）。根据本书的研究内容，将产业结构合理化定义为产业间要素合理流动，生产和技术关系角度的协调，以及生产效率的提高。产业结构高级化侧重于产业结构量的变化，产业结构合理化则注重产业结构质量的提升。人工智能影响劳动收入份额的传导机制如图4-1所示。

4.6.1 劳动力议价能力

（1）人工智能降低劳动议价能力。人工智能的就业替代效应减少了对劳动力的需求，也降低了劳动力议价能力，不利于劳动收入份额的提高。劳动力的供需状况是影响劳动力议价能力的重要因素，人工智能对劳动力议价能力的影响主要体现在劳动力的供需方面上。根据古典经济学的理论，完全竞争市场中工资由劳动力的供需均衡决定。在劳动力供给一定的情况下，人工智能引致的需求减少导致工资的下降，最终不利于劳动收入份额的提高。一方面，人工智能的应用弥补人口老龄化和生育率降低带来的劳动力缺口，抵消潜在的工资上涨压力。另一方面，人工智能的岗位替代效应意味着经济体的劳动力需求减少，劳动力和智能机器的竞争加剧，企业在使用要素决策中的主动权扩大，劳动力的议价能力被削弱。

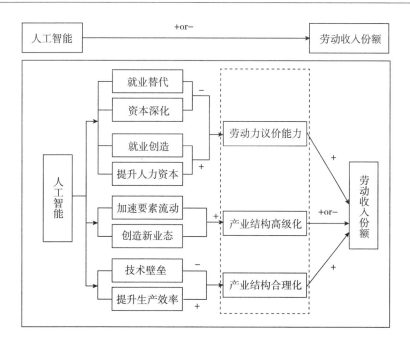

图 4-1　传导机制

（2）人工智能加剧资本深化程度，降低劳动力议价能力，从而降低劳动收入份额。人工智能应用表现为物质资本的扩张，本质上是资本深化的过程，资本深化程度的加深使得资本租金相对于劳动工资更倾向于下降，企业倾向于使用更加廉价的资本，又进一步促进了资本深化。人工智能加剧的资本深化，强化企业在工资议价中的绝对优势，恶化劳动力的议价能力。因此，人工智能带来的资本深化降低了劳动力的议价能力，最终不利于劳动收入份额的提高。

（3）人工智能提高劳动力议价能力。人工智能的就业创造效应，增加对劳动力的需求，提高劳动力的议价能力，从而提高劳动收入份额。人工智能技术的研发、应用、维护均创造出新的工作岗位，增加对劳动力的需求。从人工智能产业来看，人工智能技术的研发、零部件制造、技术服务等环节创造了新的就业岗位；从人工智能的应用来看，创造了生产过程中非自动化环节的劳动力需求，同时，智能机器和人的交互需求的增多还增加了"人机协作"的中间岗位需求。

新岗位的创造增加了劳动力的需求，劳动力需求的增加有利于劳动力议价能力的提高，从而提高劳动收入份额。

（4）人工智能的人力资本提升效应，提高劳动者在工资谈判中的筹码，有助于加强劳动力的议价能力，最终对劳动收入份额产生影响。人工智能创造的工作岗位具有高技术复杂度、高技能要求、非常规性的特征，这提高了劳动力的就业技能门槛，从而倒逼劳动力进行人力资本投资、提升自身技能水平和信息素养，刺激高质量人力资本的发展，以适应智能化环境中岗位对劳动力的要求。劳动者人力资本水平的提高，提高劳动者在与企业的工资谈判中的优势，最终促使劳动收入份额得以提高。

（5）劳动力议价能力提高了劳动收入份额。劳动者具有高水平的议价能力意味着劳动者在与企业有关工资待遇的谈判中占据优势，且拥有话语权，最为直接的影响是带来劳动工资的增加。在其他条件一定的情况下，工资收入的增加有利于劳动收入份额的提高。劳动力议价能力的提高助推劳动收入份额的提高，因此预期劳动力议价能力的增强促使劳动收入份额得以提升，即在实证检验中劳动收入份额对劳动力议价能力的回归系数为正。综上所述，本书提出以下有待检验的假设 4a 和假设 4b：

假设 4a：劳动力议价能力路径：劳动力议价能力在人工智能影响劳动收入份额过程中发挥中介作用。

假设 4b：劳动力议价能力路径：劳动力议价能力在人工智能影响劳动收入份额的过程中发挥遮掩作用。

4.6.2　产业结构升级

4.6.2.1　人工智能、产业结构高级化与劳动收入份额

（1）人工智能与产业结构高级化。人工智能加速劳动和资本要素在产业间的流动，推动产业结构的转型升级，从而对劳动收入份额产生影响。就劳动要素而言，人工智能对劳动力的就业造成冲击，劳动力在产业间或部门间进行再配

置。人工智能对常规性工作岗位的替代，致使劳动力由制造业向平台经济带动下的各种服务业跨界流动，如当前的外卖骑手、网约车司机都曾经从事制造业流水线工作（闻效仪，2020）。劳动力在不同密集型特征行业间的转移，改变了行业的生产方式，从而促进了产业结构变迁。就资本要素而言，人工智能的应用影响企业资本要素的占比，同样促使资本要素流向利润更高的行业，加速资本在不同行业间的流动，有利于产业结构向高级化方向发展（李越，2021）。

人工智能通过创造新业态实现产业结构高级化（刘军和陈嘉钦，2021），从而影响劳动收入份额。人工智能的应用存在"干中学"效应，数字程序编码内置于人工智能的载体中，使得人工智能可以收集大量信息进行机器学习。机器学习的深化重新组织了已有的知识结构，提升了创新能力，且创新能力的发展催生新业态。新业态往往属于第二产业或第三产业，从而提高第二产业和第三产业增加值的占比，产业结构高级化的程度得以提升。

（2）产业结构高级化与劳动收入份额。产业结构高级化程度的提高反映产业结构由以农业为主转向以非农产业为主导，由农业为主导向第二产业、第三产业为主导转变，由劳动密集型向资本密集型、知识密集型转变。在三次产业中，劳动收入份额由高到低的顺序为：第一产业、第三产业、第二产业。如果产业结构中的主导产业由第一产业转变为第二产业，劳动报酬的比重会降低；当由以第二产业为主导转为以第三产业为主导时，劳动收入份额会出现提高的现象。因此，产业结构的高级化与劳动收入份额存在密切的关系，但是产业结构对劳动收入份额的影响方向则存在不确定性，主要与现阶段产业结构高级化的具体程度相关。综上所述，本书提出假设5a和假设5b：

假设5a：产业结构高级化路径：产业结构高级化在人工智能影响劳动收入份额的过程中起中介作用。

假设5b：产业结构高级化路径：产业结构高级化在人工智能影响劳动收入份额的过程中存在遮掩作用。

4.6.2.2　人工智能、产业结构合理化与劳动收入份额

（1）人工智能降低了产业结构合理化程度。人工智能应用导致的技术垄断效应形成技术壁垒，使得要素集中于优先应用人工智能的产业，引起产业间关联协调程度降低的问题，不利于资源在产业间的合理配置和协调，从而降低产业结构合理化程度。美国经济学家波特认为"技术变革是进入壁垒强有力的决定因素"。技术的智能性质是影响技术扩散的重要因素，越拥有高智能性质的技术越不易扩散（杨晓玲，2000）。人工智能对产业结构带来的影响具体表现在产业间和产业内部两个方面，技术壁垒不仅存在于产业间且存在于产业内部。人工智能作为新的生产要素投入生产，增加产品的科技含量，直接提升企业的市场竞争力。①不同部门和产业。人工智能技术的获取和应用呈现产业间非均衡特征，均衡的技术扩散仅在生产力较高的产业领域趋于存在。技术、知识含量高的产业和部门即高技术产业部门在部门收益和利润率方面具有明显的优势，生产率得以快速增长，但是尚未应用人工智能的产业则存在生产率增长停滞的潜在威胁。这进一步拉大了产业间生产率的增长速度，不利于产业间生产率的协调发展，最终阻碍产业结构向合理化方向发展。②同一行业不同企业。在人工智能技术应用的初期，技术市场具有垄断寡头特征。对以机器人为代表的智能技术应用产业，采用新技术进行生产的大企业往往垄断核心算法和关键零部件的专利技术，这使得中小企业日益成为技术垄断寡头的附庸（邓仲良和屈小博，2021）。个别行业或企业会凭借自身优势率先引进和应用人工智能技术，带来工艺过程的创新，产品的品质和效能得以提升，生产成本得以降低，最终形成超额利润。然而，由于融资约束、技术壁垒等无法应用人工智能的企业则被排挤甚至淘汰出局（江永红和张本秀，2021）。虽然由人工智能应用造成的技术垄断，会受制于模仿者赶超的压力，其产量会大于行政垄断下的产量，但是其产量仍低于市场机制决定的最优产量，造成效率的损失，不利于产业结构的合理化。综上所述，人工智能应用的产业非均衡特征不利于产业结构的合理化。

（2）人工智能提高产业结构合理化程度。人工智能的应用提高了产业部门

的生产效率和资源的利用效率，促使产业结构向合理化方向发展，进而影响劳动收入份额。就人工智能作为生产要素的属性而言，人工智能作为新的生产要素参与生产，具有易于管理、自主学习的特点，能提高产业或部门的生产效率。就人工智能应用产生的"干中学效应"而言，人工智能利用生产过程中收集的信息、消费者的信息，优化企业生产要素的组合，使得要素的效用得到最大发挥，提高企业生产效率，促进产业结构合理化程度的提高。综上，人工智能从生产要素的投入和提高生产过程要素使用效率方面，促使产业结构向合理化方向发展。

（3）产业结构合理化促进劳动收入份额的提高。产业结构合理化意味着产业之间的联系紧密，且具有相互促进的关系，使得劳动生产率不断提高。劳动生产率的提高扩大了企业的生产规模，为劳动力创造更多的岗位，增加劳动力的需求，最终促使劳动收入份额提升。产业结构合理化加速劳动力在产业间的自由流动，劳动要素在产业间的配置得以优化，提高劳动力与岗位的匹配程度，有利于劳动工资的增加，从而提高劳动收入份额。综上所述，产业结构合理化主要通过产业间协调创造大量工作岗位增加劳动力就业，以及产业间劳动要素的合理配置增加劳动力工资从而提高劳动收入份额。综上所述，本书提出如下两种相反的且有待检验的假设 6a 和假设 6b：

假设 6a：产业结构合理化路径：产业结构合理化在人工智能影响劳动收入份额的过程中起中介作用。

假设 6b：产业结构合理化路径：产业结构高级化在人工智能影响劳动收入份额的过程中起遮掩作用。

4.7　本章小结

本章首先明确定义了人工智能和劳动收入份额的概念，总结人工智能存在的技术—经济特征；其次从理论层面上分析了人工智能对劳动收入份额影响的总效应，从技术扩散视角分析了人工智能对劳动收入份额的空间溢出效应，从人口结构转型视角分析了人工智能对劳动收入份额影响存在的人力资本和人口老龄化门限效应，以及人工智能对劳动收入份额影响的传导机制；最后提出有待实证检验的研究假说。

第5章 人工智能影响劳动收入份额总效应的实证检验

发展人工智能技术是我国抢占科技制高点、抓住新一轮科技革命和产业变革机遇的重要举措。人工智能的应用将全方位变革生产生活方式，成为当前和未来发展的重要领域。人工智能在提供新增长动力、提高生活品质的同时，会引致潜在的收入分配问题。人工智能在技术层面是中立的，任何人都可以使用人工智能技术为自己增权赋能，但是在实际应用中技术并非是中立的（邓智平，2021）。对收入分配格局的塑造表现在以下两个方面：资本和劳动要素报酬的不对等、不同技能群体收入的不平等。从功能性收入分配角度而言，人工智能应用的物化特征，会增加资本要素的使用，提高企业的资本集约度，改变资本和劳动的相对价格，对资本和劳动的报酬产生影响。从规模性收入分配角度而言，人工智能倾向于替代常规技能劳动者，同时为非常规技能劳动者带来就业机会。这引发了我们的思考，人工智能产生的技术红利，劳动群体对其分享程度是否低于资本要素？

基于第4章的理论分析，预判人工智能的应用会降低劳动收入份额，随着劳动收入份额的提高这一影响将会减弱。在实证检验中加入控制变量后，人工智能对劳动收入份额的影响是否与研究假说一致？在不同劳动收入份额水平下，人工智能对劳动收入份额的影响是否会发生改变？为解决以上问题，本章使用2006~2017年的省级面板数据，通过构建面板双向固定效应模型和面板分位数模型进行实证检验，并使用多种方法进行稳健性检验，使用工具变量法解决内生性问题。为清晰认识二者的关系提供新的经验证据，以期在确保人工智能发展的同时，还需在政策方面重视人工智能对收入分配领域带来的挑战。

5.1　计量模型构建

针对假说1a，本书借鉴芦婷婷和祝志勇（2021，2022）的相关研究，设定了如下基本面板回归模型进行估计：

$$Labs_{it} = \alpha Rob_{it} + \sum_{m=1}^{m=n} \beta^m Z_{it}^m + \gamma^i I_t + \gamma^t T_i + \varepsilon_{it} \qquad (5-1)$$

式中，$Labs_{it}$ 表示 i 地区在第 t 时期的劳动收入份额；Rob_{it} 表示 i 地区第 t 时期的人工智能水平，是本书的核心解释变量；Z_{it}^m 表示为所有控制变量的合集，指的是 i 地区在第 t 时期的控制变量；I_t 表示地区虚拟变量，T_i 表示时间虚拟变量，目的是控制地区异质性和时间异质性；α、β^m、γ^i、γ^t 表示应解释变量的系数。在这里我们重点关注的是核心解释变量人工智能水平 Rob_{it} 的系数 α。

在假设1b可以转换为线性回归情况下，不同的人工智能水平对劳动收入份额的回归系数是有差异的，为了刻画人工智能在劳动收入份额变动中边际效应的动态演化轨迹，我们使用面板分位数模型进行参数估计。Lamarche（2010）对面板固定效应分位数模型进行了系统性分析。面板分位数的基本思路如下：把因变量看作一个函数分布，根据最小化加权的残差绝对值求和，从而估计解释变量处于被解释变量的不同分位点时的影响。与传统的均值回归模型相较而言，面板分位数模型存在如下优点：第一，区别于传统的条件均值回归要求数据的正态分布，分位数回归模型并未对数据的对称性和正态性分布形式进行约束，因此其具有更广阔的适用范围；第二，分位数回归模型并不需要随机误差项满足零均值、同方差、正态分布等条件，其回归结果也就更加稳健；第三，面板分位数模型是通过最小化加权的残差绝对值之和的方法来估计参数，降低了对异常值的敏感度。基于此，本书使用面板分位数模型进行估计，划分连续性集合人工智能水平 $Rob_{it} \in (0, +\infty)$，面板分位数模型的具体形式如式（5-2）所示：

$$Labs_{it|\tau} = \alpha_{\tau} Rob_{it|\tau} + \sum_{m=1}^{m=n} \beta^{m|\tau} Z_{it|\tau}^{m|\tau} + \gamma^{i|\tau} I_{t|\tau} + \gamma^{t|\tau} T_{i|\tau} + \varepsilon_{it|\tau} \tag{5-2}$$

式中，下标"$|\tau$"表示分位数，是用来对样本中的人工智能水平进行分割，分位数 $\tau \in (0.10, 0.25, 0.50, 0.75, 0.90)$。

假设 1b 可以理解为不同地区的人工智能水平对劳动收入份额的线性回归系数存在差异，设定了如式（5-3）的回归模型：

$$Labs_{it\_pr} = \alpha_{\_pr} Rob_{it\_pr} + \sum_{m=1}^{m=n} \beta^{m\_pr} Z_{it\_pr}^{m\_pr} + \gamma^{i\_pr} I_{t\_pr} + \gamma^{t\_pr} T_{i\_pr} + \varepsilon_{it\_pr} \tag{5-3}$$

式中，"$\_pr$"的离散集合 $R \in (1, p)$ 用来表示不同的地区。

5.2　变量选取和数据来源

5.2.1　变量选取

被解释变量为劳动收入份额，即劳动收入在国内生产总值中的占比。GDP 法和要素法是测算劳动收入份额的两种主要方法。要素法基于生产税净额，是政府对国民收入的分享，没有涉及价值的创造，把生产税净额从 GDP 中剔除，GDP 法则并未剔除。两种方法的具体计算公式分别如式（5-4）和式（5-5）所示：

$$GDP \text{ 法劳动收入份额} = \frac{\text{劳动所得}}{\text{劳动者报酬} + \text{营业盈余} + \text{固定资产折旧} + \text{生产税净额}}$$

$$\tag{5-4}$$

$$要素法劳动收入份额 = \frac{劳动所得}{劳动者报酬+营业盈余+固定资产折旧} \tag{5-5}$$

为了避免测算的误差，保证回归结果的稳健性，本书同时使用两种方法计算省级层面的劳动收入份额，基准回归中使用要素法劳动收入份额，稳健性检验中使用 GDP 法劳动收入份额。《中国劳动统计年鉴》中省际收入法 GDP 项目包括劳动者报酬、固定资产折旧、营业盈余和生产税净额，由于年鉴中 2008 年和 2013 年的劳动收入份额相关数据存在缺失，本书使用前后年份的均值进行填补。

解释变量为人工智能水平。本书使用机器人的安装密度来表征人工智能水平，该指标在学界得到了广泛应用（Cheng et al.，2019；Acemoglu and Restrepo，2020），与涉及专利成果转化问题的人工智能专利指标相比，机器人的安装密度可以更好地反映人工智能的应用情况。从第 4 章核心概念的界定以及对中国邮政人工智能应用的案例中，可以发现机器人是人工智能技术的具体表现，它集成了算法、软件系统等技术。因此，使用机器人的安装密度衡量人工智能的应用水平较为合理。原始数据源于国际机器人联合会（IFR），IFR 提供的机器人存量数据为国家—行业层面，其行业分类标准与中国并不一致，本书借鉴闫雪凌等（2020）的做法对相关行业进行归并整理。在此基础上测算省级层面机器人的安装密度，具体的计算公式如下：

$$Rob_{it} = \sum_{j=1}^{J} \frac{L_{ijt}}{L_{it}} \times \frac{Rob_{jt}}{L_{jt}} \tag{5-6}$$

其中，L_{ijt} 表示 i 地区 j 行业 t 年的就业人数，L_{it} 表示 i 地区 t 年的就业人数；Rob_{jt} 表示 j 行业的工业机器人存量，L_{jt} 表示 j 行业的全国的就业人数，对所有行业进行加总即可得出 i 区域的机器人安装密度。计算中涉及的分地区总的就业人数、分地区分行业就业人数、全国分行业就业人数均来自《中国劳动统计年鉴》。

控制变量的选取。根据影响劳动收入份额因素的相关研究，本书选取经济发展水平、对外开放程度、产业结构、政府干预程度、国有经济比重、人力资本水平、劳动年龄人口、税负水平和金融发展水平作为控制变量。①经济发展水平。

借鉴白重恩和钱震杰（2010），使用人均实际 GDP 表征经济发展水平，取对数后纳入计量模型。②对外开放程度。借鉴匡国静和王少国（2020），使用进出口总额占名义 GDP 的比重来表征对外开放程度。③产业结构状况。借鉴蒋为和黄玖立（2014）的方法，利用第二产业增加值在名义 GDP 中的占比刻画产业结构水平。④政府干预程度。借鉴蒋为和黄玖立（2014），使用政府干预程度的替代指标为财政支出占名义 GDP 的比重。⑤国有经济比重。借鉴吴振华（2020），使用国有经济比重的具体指标为国有企业职工人数占总职工人数的比例。⑥人力资本水平。借鉴蓝嘉俊等（2019），使用学界广泛使用的劳动力平均受教育年限表示人力资本水平。⑦劳动年龄人口。借鉴蓝嘉俊等（2019），使用劳动年龄人口（15~64 岁的人口）在总人口中的占比表示。⑧税负水平。借鉴白重恩和钱震杰（2010），使用利用财政收入占名义 GDP 的比重表示税负水平。⑨金融发展水平。借鉴蒋为和黄玖立（2014），使用贷款总额占名义 GDP 的比重表征。

5.2.2 数据来源

被解释变量、解释变量和控制变量的原始数据来源于《中国统计年鉴》、《中国劳动统计年鉴》、国际机器人联合会（IFR）、国家统计局官网、《新中国 60 年统计资料汇编》、《中国人口与就业统计年鉴》、各省份统计年鉴等。由于劳动收入份额计算所需的省际收入法 GDP 的数据仅更新至 2017 年，且西藏自治区的相关数据严重缺失，加之我国机器人存量的数据从 2006 年才开始有详细的分行业记录，因此本书的样本范围为 2006~2017 年 30 个省级行政区划单位（港澳台和西藏除外）的面板数据。主要变量的描述性统计如表 5-1 所示。

表 5-1 变量的描述性统计

变量	观测值	均值	标准差	最小值	最大值
劳动收入份额 labs	360	53.612	6.273	36.752	71.392
人工智能 Rob	360	0.494	0.697	0.004	4.230

续表

变量	观测值	均值	标准差	最小值	最大值
经济发展水 $lngdp$	360	8.965	0.611	7.278	10.739
对外开放程度 ope	360	29.559	33.562	1.158	166.816
产业结构 ins	360	46.397	8.106	19.014	59.045
政府干预程度 gov	360	22.218	9.631	8.372	62.686
国有经济比重 sta	360	49.377	16.005	15.192	76.547
人力资本水平 edu	360	9.407	1.245	6.420	13.525
劳动年龄人口 lp	360	73.709	3.588	64.481	83.845
税负水平 bur	360	10.247	3.153	5.411	22.734
金融发展水平 fin	360	1.146	0.375	0.533	2.371

注：笔者计算得出。

5.3   实证结果分析

5.3.1   基准回归结果

为了消除变量之间可能存在的多重共线性的顾虑，本书第一时间做了多重共线性的检验，结果显示 VIF 的值为 3.7，远小于 10，因此无须担心变量之间多重共线的问题。表 5-2 为基准回归结果，实证检验了人工智能对我国劳动收入份额的影响。表 5-2 的第（1）列为仅加入人工智能的回归结果，第（2）列为加入经济发展水平、对外开放程度、产业结构、政府干预程度等控制变量的回归结果，第（3）列为进一步考虑国有经济比重、人力资本水平、劳动年龄人口、税负水平以及金融发展水平的回归结果，逐步加入控制变量是为了观察人工智能变量的回归系数是否发生变化。基准回归结果是采用时间和地区固定的双重固定效应模型进行回归。

表 5-2　人工智能对劳动收入份额影响的基准回归结果

自变量	（1）	（2）	（3）
人工智能 *Rob*	-1.942**	-2.172**	-2.433**
	（0.895）	（0.897）	（1.020）
经济发展水平 *lngdp*		-10.813*	-9.813
		（6.132）	（5.979）
对外开放程度 *ope*		-0.031	-0.036
		（0.037）	（0.038）
产业结构 *ins*		-0.161**	-0.167*
		（0.104）	（0.100）
政府干预程度 *gov*		-0.047	-0.045
		（0.139）	（0.179）
国有经济比重 *sta*			-0.011
			（0.073）
人力资本水平 *edu*			-0.560
			（0.658）
劳动年龄人口 *lp*			-0.326
			（0.233）
税负水平 *bur*			0.129
			（0.336）
金融发展水平 *fin*			0.018
			（2.879）
个体效应	控制	控制	控制
时间效应	控制	控制	控制
观测值	360	360	360
R^2	0.517	0.592	0.601
F 检验	16.31	27.22	25.08

注：括号内为稳健标准误；*、**和***分别表示在1%、5%、10%的水平上显著。下同。

由表 5-2 第（1）列的结果可知，在仅考虑人工智能对劳动收入份额影响的情况下，其估计系数为-1.942，并且在5%的水平上显著；从表 5-2 的第（2）列和第（3）列可以看出，在先后加入部分控制变量和所有控制变量后，人工智能的估计系数依旧为负数，并且在5%的水平上显著，仅系数的绝对值略有增加，R^2值随着控制变量的增加从0.517增加至0.601。这表明人工智能对劳动收入份额的负向影响显著且稳定，假说1a得到证实。以表5-2第（3）列作为基准回归的最终结果进行分析，当同时控制时间效应、地区效应和所有控制变量时，模型的F值为25.08，且在1%的水平上显著。人工智能回归系数具体的经济含义为：在其他条件不变的情况下，机器人的安装密度平均每增加1台／万人，劳动收入份额将减少2.433%。在样本区间内，人工智能水平的提高确实对劳动收入份额产生显著的抑制作用，说明现阶段人工智能对劳动力的替代效应占主导作用，呈现出"机器换人"的结果。

5.3.2 稳健性检验

（1）替换被解释变量。如前文所述，劳动收入份额的计算方法包括GDP法和要素法，在基准回归中使用要素法测算的省际劳动收入份额作为被解释变量进行回归。为了避免劳动收入份额计算方法带来的回归结果偏差，保证基准回归结果的可靠性，我们使用GDP法重新计算劳动收入份额，并对要素法劳动收入份额进行替换，回归结果如表5-3所示。从表5-3的第（1）列可以看出，在替换了劳动收入份额测算方法的情况下，人工智能的估计系数在1%的水平上显著为负，固定效应模型的F值为24.79，并且在1%的水平上显著。

表5-3 稳健性检验

稳健性检验方法	替换变量		变换估计方法			缩尾处理	动态面板模型
	（1）替换被解释变量	（2）替换控制变量	（3）随机效应极大似然估计（MLE）	（4）随机效应可行广义最小二乘法估计（FGLS）	（5）混合效应模型最小二乘估计（OLS）	（6）缩尾处理	（7）系统GMM估计
人工智能 *Rob*	-1.747*** (0.420)	-2.832*** (0.993)	-2.173*** (0.428)	-2.096*** (0.762)	-1.324*** (0.466)	-2.846*** (1.046)	-2.946*** (0.632)

续表

稳健性 检验方法	替换变量		变换估计方法			缩尾处理	动态面板模型
	（1）替换 被解释变量	（2）替换 控制变量	（3）随机效应 极大似然估计 （MLE）	（4）随机效应 可行广义最小 二乘法估计 （FGLS）	（5）混合效应 模型最小二乘 估计（OLS）	（6）缩尾 处理	（7）系统 GMM 估计
经济发展 水平 lngdp	−7.732*** （2.774）	−14.953** （6.297）	5.140*** （1.289）	4.478*** （1.708）	−0.863 （0.987）	−11.487** （5.026）	8.255*** （1.693）
对外开放 程度 ope	−0.047** （0.052）	−0.042 （0.032）	−0.102*** （0.016）	−0.094*** （0.022）	−0.031*** （0.010）	−0.022 （0.035）	−0.164*** （0.023）
产业结构 ins	−0.047 （0.052）	0.119 （0.102）	−0.236*** （0.049）	−0.239*** （0.071）	−0.288*** （0.037）	−0.150 （0.092）	−0.286*** （0.069）
政府干预 程度 gov	−0.090 （0.074）	0.040 （0.170）	0.189*** （0.063）	0.203 （0.140）	0.317*** （0.045）	−0.082 （0.153）	−0.081 （0.066）
国有经济 比重 sta	0.044 （0.038）	−0.020 （0.067）	0.002 （0.038）	−0.013 （0.057）	−0.116*** （0.033）	−0.017 （0.068）	0.068*** （0.027）
人力资本 水平 edu	−1.128** （0.508）	−0.587 （0.618）	−0.326 （0.379）	−0.227 （0.418）	1.210*** （0.347）	−0.398 （0.650）	−0.237** （0.187）
劳动年龄 人口 lp	−0.261** （0.124）	−0.283 （0.238）	−0.375*** （0.129）	−0.411* （0.204）	−0.628*** （0.112）	−0.367 （0.226）	−0.002 （0.127）
税负水平 bur	0.328* （0.175）	0.100 （0.327）	−0.088 （0.172）	−0.092 （0.256）	−0.511*** （0.137）	0.110 （0.324）	−0.549** （0.263）
金融发展 水平 fin	−1.205 （1.404）	−2.392* （1.353）	1.022 （1.332）	0.983 （1.772）	0.099 （1.240）	−0.224 （2.841）	0.963 （1.901）
个体效应	控制	控制	不控制	不控制	不控制	控制	—
时间效应	控制	控制	不控制	不控制	不控制	控制	—
观测值	360	360	360	360	360	360	330
R^2	0.628	0.604		0.434	0.547	0.607	
F 检验	24.79	32.92	—		43.65	24.28	

（2）替换控制变量。为了防止控制变量测量误差对回归结果的影响，我们把控制变量中的产业结构指标替换为第三产业增加值在名义 GDP 中的占比、第二产业增加值与第三产业增加值比例；金融发展水平则替换为存贷款总额在名义 GDP 中所占的比重。无论是同时替换产业结构和金融发展水平的指标，还是单

独替换产业结构和金融发展水平的指标，人工智能的估计系数均为负数，并且在1%的水平上显著。篇幅所限，表5-3中第（2）列仅报告了同时把产业结构替换为第二产业增加值占GDP的比重，把金融发展水平替换为存贷款总额占GDP的比重的回归结果。回归结果显示，人工智能的估计系数为-2.832，略大于基准回归结果的系数-2.433，说明了基准回归结果较为稳健。

（3）控制估计方法。为了排除选用的估计方法对回归结果造成的影响，本书以表5-2第（3）列为基准回归模型，分别使用随机效应极大似然估计（MLE）、随机效应可行广义最小二乘法估计（FGLS）、混合效应模型进行回归，回归结果列示在表5-3的第（3）至第（5）列。从回归结果看出，人工智能的估计系数均为负，并且均在1%的水平上显著，与基准回归结果相比，仅在系数的大小和显著性水平上存在细微差别。因此，估计方法的选择并未改变人工智能估计系数的符号方向和显著性，人工智能会降低劳动收入份额的结论具有较强的稳健性。

（4）缩尾处理。缩尾处理将超过设定百分位之外的数值用百分位处的数值替代，其特点是不改变样本容量，是进行稳健性检验的常用方法。为了消除极端值的影响，本书首先对所有变量进行上下1%的缩尾处理，其次使用缩尾后的变量数值重新进行固定效应回归。缩尾处理后的回归结果如表5-3第（6）列所示，人工智能的估计系数（-2.846）的正负号并未发生改变，且在1%的水平上显著。因此，通过缩尾处理排除极端值的影响后，人工智能对劳动收入份额存在负向影响的结论仍然稳健可靠。

（5）动态面板模型估计。考虑到前期的劳动收入份额对当期劳动收入份额的影响，构建包含被解释变量劳动收入份额滞后期的动态面板模型进行回归，以检验基准回归结果的稳健性。本书分别使用差分GMM和系统GMM两种方法进行估计，篇幅所限表5-3中仅报告系统GMM的回归结果，回归结果如表5-3第（7）列所示。从回归结果可以看出，系统GMM回归结果中人工智能的估计系数为负且在1%的水平上显著，与基准回归结果仅在数值大小上略有差别，差分

GMM 回归结果中人工智能的估计系数同样为负且显著。在系统 GMM 回归的基础上，进行扰动项自相关检验，结果发现扰动项一阶相关且二阶不相关，符合使用系统 GMM 回归方法的前提条件；通过工具变量的过度识别检验，结果显示在 1% 的显著性水平上所有工具变量均是有效的。因此，动态面板模型的回归结果进一步证明，基准回归结果较为可靠，人工智能会降低劳动收入份额的结论较为稳健。

5.3.3 内生性问题的处理

在基准回归中，我们尽可能把影响劳动收入份额的变量加入模型中，但遗漏变量的问题无法避免，由此导致内生性的产生。严重的内生性问题会导致估计系数的有偏和非一致，为此需要处理基准回归结果中可能存在的内生性问题。使用内生解释变量的滞后项作为工具变量是普遍使用的方法，且人工智能的发展具有持续性，前一期的人工智能会对当期产生影响，故本书将人工智能的滞后一期作为工具变量。内生性检验的具体做法如下：首先加入选取的工具变量进行两阶段最小二乘法（2SLS）回归；其次通过豪斯曼检验是否满足使用工具变量法的前提，结果发现在 5% 的显著性水平上拒绝"所有解释变量均为内生"的原假设，即认为核心解释变量人工智能存在内生性，满足使用最小二乘法（2SLS）的前提条件；最后检验工具变量的有效性，结果显示偏 R^2 的值为 0.981，强烈拒绝"弱工具变量"的原假设。为了防止估计方法带来的偏差，本书还对弱工具变量不敏感的有限信息进行了最大似然法（LIML）回归和更具效率的广义矩估计（GMM）回归。2SLS 和 LIML 检验需要满足扰动项服从独立同分布的假定，但是扰动项独立同分布的假定往往难以满足，广义矩估计（GMM）则无须满足以上要求。此外，在存在异方差的情况下，GMM 估计更有效率。表 5-4 的第 2 至第 4 列是把人工智能滞后一期作为工具变量的内生性检验结果，可以看出三种估计方法的回归结果相同，表明内生性检验的结果具有稳健性。人工智能的估计系数略小于基准回归，但是估计系数的符号和显著性水平均未发生改变，表明基准回归结果具有较强的稳健性。

表 5-4 内生性检验结果

工具变量	核心解释变量的滞后一期			进口来源国的机器人对各省份覆盖度		
	2SLS	LIML	GMM	2SLS	LIML	GMM
人工智能 Rob	−1.387***	−1.387***	−1.387***	−2.428***	−2.428***	−2.428***
	(0.504)	(0.504)	(0.504)	(0.661)	(0.661)	(0.661)
经济发展水平 lngdp	−1.439	−1.439	−1.439	0.154	0.154	0.154
	(1.058)	(1.058)	(1.058)	(0.060)	(0.060)	(0.060)
对外开放程度 ope	−0.024**	−0.024**	−0.024**	−0.037***	−0.037***	−0.037***
	(0.011)	(0.011)	(0.011)	(0.011)	(0.011)	(0.011)
产业结构 ins	−0.281***	−0.281***	−0.281***	−0.291***	−0.291***	−0.291***
	(0.036)	(0.036)	(0.036)	(0.034)	(0.034)	(0.034)
政府干预程度 gov	0.261***	0.261***	0.261***	0.312***	0.312***	0.312***
	(0.570)	(0.570)	(0.570)	(0.055)	(0.055)	(0.055)
国有经济比重 sta	−0.090**	−0.090**	−0.090**	−0.124***	−0.124***	−0.124***
	(0.039)	(0.039)	(0.039)	(0.036)	(0.036)	(0.036)
人力资本水平 edu	1.335***	1.335***	1.335***	1.286***	1.286***	1.286***
	(0.321)	(0.321)	(0.321)	(0.318)	(0.318)	(0.318)
劳动年龄人口 lp	−0.672***	−0.672***	−0.672***	−0.728***	−0.728***	−0.728***
	(0.119)	(0.119)	(0.119)	(0.122)	(0.122)	(0.122)
税负水平 bur	−0.535***	−0.535***	−0.535***	−0.550***	−0.550***	−0.550***
	(0.126)	(0.126)	(0.126)	(0.125)	(0.125)	(0.125)
金融发展水平 fin	1.337	1.314	1.314	0.215	0.215	0.215
	(1.203)	(1.100)	(1.100)	(0.131)	(0.131)	(0.131)
观测值	330	330	330	360	360	360
R²	0.539	0.539	0.541	0.540	0.540	0.540

变换工具变量。为了寻找更具有说服力的工具变量，本书借鉴 Acemoglu 和 Restrepo（2020）、魏下海等（2020）的方法，进一步使用机器人进口来源国对中国各省份的机器人覆盖度作为工具变量。现阶段我国的工业机器人的进口依赖程度高，美国、日本、德国、瑞典、韩国是我国机器人进口主要来源国。这 5 个国家对中国机器人的出口直接影响中国机器人安装密度，满足工具变量与内生变

量的相关性条件，但对中国的劳动收入份额却不产生影响，符合工具变量外生的条件。进口来源国在 t 年对中国 j 省机器人覆盖度的计算公式如下：

$$ImRob_{it} = \sum_{j=1}^{J} \frac{L_{i,j,t=2012}}{L_{i,t=2012}} \times \frac{ImRob_{jt}}{L_{j,t=2012}} \tag{5-7}$$

其中，J 表示各行业的合集，$L_{i,j,t=2012}$ 表示 i 省份 j 行业在 2012 年的就业人数，$L_{i,t=2012}$ 表示 i 省份在 2012 年总的就业人数，$L_{j,t=2012}$ 表示 j 行业 2012 年的就业人数，$ImRob_{jt}$ 表示进口来源国 j 行业 t 年的机器人数量。在此基础上，使用如下方法计算工具变量：

$$IVRob_{it} = \frac{1}{5} \sum_{n=1}^{5} ImRob_{itn} \tag{5-8}$$

其中，n 表示五大主要进口来源国。使用该工具变量分别进行最小二乘（2SLS）、有限信息最大似然法（LIML）、最优 GMM 估计，结果如表 5-4 后三列所示，可以看出人工智能的估计系数均为负，且在 1% 的水平上显著，与基准回归的系数仅存在微小差别，说明基准回归结果稳健可靠。使用豪斯曼检验发现，"所有解释变量均为外生"的原假设在 10% 的显著性水平上被拒绝，即认为人工智能为内生变量，满足使用工具变量的前提条件；从两阶段最小二乘（2SLS）的第一阶段回归结果可以得出，人工智能与该工具变量具有很强的相关性，工具变量可以较好地解释人工智能。

5.3.4　异质性分析

地区异质性检验。表 5-5 为人工智能对总体劳动收入份额影响的地区异质性回归结果。从中可以看出，人工智能对总体劳动收入份额的影响存在显著的地区差异。具体来讲，人工智能对东部地区、中部地区和西部地区的劳动收入份额抑制作用显著，而在东北地区则不显著；人工智能对西部地区劳动收入份额的负向影响最大，中部次之，东部最小。究其原因主要有以下两个方面：第一，人力资本水平差异。与中西部地区相比，东部地区人力资本水平较高，恰好与人工智能的发展需要相匹配。一方面，人工智能对拥有高人力资本劳动力的替代程度较低；另一方面，被人工智能替代的劳动力可以转移至其他工作岗位或其他行业。因此人工智能对东部地区劳动收入份额下降的影响最小。第二，产业结构差异。中西部地区以制造业行业为主，人工智能对劳动力的替代主要体现在制造业，因此人工智能对劳动收入份额的负向影响在中西部地区较大。

表5-5 人工智能对总体劳动收入份额影响的地区异质性检验

变量	东部地区 eas	中部地区 mid	西部地区 wes	东北地区 nor
人工智能 Rob	−1.013 *	−2.978 ***	−4.611 ***	−2.345
	(0.488)	(1.120)	(0.595)	(2.689)
经济发展水平 lngdp	6.602	13.512 ***	12.232 ***	−10.290 **
	(3.816)	(3.427)	(2.911)	(1.864)
对外开放程度 ope	−0.058 ***	−0.626 ***	−0.234 ***	−0.539
	(0.017)	(0.122)	(0.062)	(0.190)
产业结构 ins	−0.019	−0.839 ***	−0.190	−0.276
	(0.099)	(0.116)	(0.214)	(0.282)
政府干预程度 gov	0.726 *	0.459	0.070	0.791
	(0.345)	(0.348)	(0.262)	(0.458)
国有经济比重 sta	−0.004	0.164 **	0.087	−0.222
	(0.053)	(0.072)	(0.078)	(0.143)
人力资本水平 edu	−0.056	0.782	−1.474 ***	0.247
	(0.685)	(0.703)	(0.449)	(0.428)
劳动年龄人口 lp	−0.030	−0.027	−0.831	−2.781
	(0.090)	(0.275)	(0.470)	(1.521)
税负水平 bur	−0.747 *	−0.262	−0.042	0.981 **
	(0.406)	(0.463)	(0.487)	(0.168)
金融发展水平 fin	1.828	−18.872 ***	−0.766	−7.225 **
	(3.594)	(4.839)	(3.417)	(1.684)
个体效应	控制	控制	控制	控制
时间效应	不控制	不控制	不控制	不控制
观测值	120	72	132	36
R^2	0.664	0.760	0.490	0.751

其他异质性分组检验。使用变量中位数进行分组，并使用费舍尔组合检验分

析组间系数差异的显著性。

（1）经济发展水平。经济发展水平较高的地区一方面聚集了大量的高技能劳动力，可以较好地与人工智能发展融合；另一方面经济发展水平较高的地区就业机会更多，劳动力可以较为容易地实现岗位的转换。经济发展水平低的地区则反之。预期经济发展水平高的地区人工智能对劳动收入份额的负向影响更小。使用实际人均 GDP 的对数表征经济发展水平，以中位数为界划分为高低两组。从表 5-6 的第 2~第 3 列的回归结果可以看到，在经济发展水平高的组中，人工智能对劳动收入份额的负向影响（-0.699）显著小于经济发展水平较低的组（-6.936），费舍尔组合检验表明组间系数差异显著。

表 5-6　分组回归结果

变量	经济发展水平		劳动保护程度		劳动要素丰裕程度	
	高	低	高	低	高	低
Rob	-0.699**	-6.936***	-1.960***	-4.017***	-1.157**	-4.178***
	(0.363)	(2.354)	(0.526)	(1.084)	(0.428)	(1.012)
固定效应	控制	控制	控制	控制	控制	控制
观测值	180	180	180	180	180	180
R^2	0.553	0.390	0.628	0.420	0.538	0.497
b0-b1	-4.319*		-2.057*		-3.668**	

注：b0 表示分组中程度较低组的回归系数，b1 表示程度较高组的回归系数。

（2）劳动保护程度。高劳动保护程度的地区可以更好地维护劳动者的权益，面临人工智能对收入的冲击，起到缓冲的作用；低劳动保护程度的地区应对人工智能发展对劳动力的影响时，可能无法较为及时地做出反映，对劳动者更有可能造成较大的威胁。因此，本书预计在劳动保护程度低的地区，人工智能对劳动收入份额的负向影响大于劳动保护程度高的地区。使用"工会参与率=工会人数/就业人数"衡量劳动保护程度，以中位数为界把总样本划分为高劳动保护程度组和低劳动保护程度组。从表 5-6 第 4~第 5 列的回归结果可以看出，无论是高劳动保护程度的地区还是低劳动保护程度的地区，人工智能对劳动收入份额均呈显著的负向影响，但是低劳动保护程度的负向影响（-4.017）显著大于高劳动保护程度的地区（-1.960），费舍尔组合检验显著说明组间系数差异显著。

（3）劳动要素丰裕程度。一方面，劳动力的短缺加速了人工智能的应用；另一方面，人工智能一定程度上增加了劳动力的供给。以劳动年龄人口占比衡量地区的劳动要素禀赋，劳动年龄人口占比越高，该地区的劳动力供给越充足。同样以劳动年龄人口占比的中位数为界，把总样本划分为劳动要素高丰裕程度组和劳动要素低丰裕程度组。本书预期在劳动要素丰裕程度较低的地区，人工智能对劳动收入份额的负向影响大于劳动要素丰裕程度高的地区。表5-6的最后两列的回归结果证实了这一预期，在劳动要素丰裕程度低的组，人工智能估计系数的绝对值（-4.178）显著大于劳动要素丰裕程度高的组（-1.157），同样组间系数差异检验证实两组的回归系数差异显著。

5.4　进一步分析

5.4.1　对劳动收入份额水平异质性的分解

表5-7为不同劳动收入份额水平上，人工智能对劳动收入份额影响的异质性。实证结果表明不同劳动收入份额水平上，人工智能对劳动收入份额的边际效应存在显著变化，假说1b得以证实。从表5-7中可以看到，在所有分位数上人工智能的估计系数均为负，且系数的绝对值呈波动递减的趋势，随着分位数的增大逐渐变得不显著。对回归结果的进一步分析如下：

一是劳动收入份额越高，人工智能对劳动收入份额的边际抑制效应越弱。首先，在所有分位数上人工智能对劳动收入份额的回归系数均显著为负。在10%分位数的估计系数在1%的水平上显著，在25%分位数的估计系数在5%的水平上显著，在50%的分位数和75%的分位数的估计系数在10%的水平下显著，进一步表明人工智能对劳动收入份额具有显著的抑制效应。其次，分位数越高，人工智能估计系数的绝对值越小。人工智能的估计系数从10%的分位数上的-2.948下降到90%分位数的-1.213，负向影响减小约1/2。主要原因在于随着劳动收入份额的提高，人工智能的就业创造效应逐渐得以释放，其对劳动收入份额造成的负向影响减弱。

表 5-7　人工智能对劳动收入份额影响的分位数回归结果

变量	0.10	0.25	0.50	0.75	0.90
人工智能 *Rob*	-2.948 *** (0.808)	-1.657 ** (0.838)	-1.156 * (0.723)	-1.132 * (0.726)	-1.213 * (0.846)
经济发展水平 *lngdp*	2.240 (1.468)	-0.259 (1.709)	-1.884 (1.396)	-1.545 (1.446)	-0.550 (1.950)
对外开放程度 *ope*	-0.064 *** (0.018)	-0.047 *** (0.017)	-0.036 ** (0.015)	-0.003 (0.016)	0.006 (0.019)
产业结构 *ins*	-0.383 *** (0.046)	-0.377 *** (0.048)	-0.263 *** (0.048)	-0.177 *** (0.047)	-0.172 *** (0.073)
政府干预程度 *gov*	0.226 *** (0.051)	0.282 *** (0.067)	0.348 *** (0.077)	0.447 *** (0.103)	0.436 *** (0.111)
国有经济比重 *sta*	-0.085 ** (0.042)	-0.150 *** (0.042)	-0.141 *** (0.044)	-0.127 * (0.071)	-0.079 (0.070)
人力资本水平 *edu*	0.492 (0.406)	0.725 ** (0.364)	1.066 ** (0.409)	1.967 *** (0.494)	2.183 *** (0.646)
劳动年龄人口 *lp*	-0.760 *** (0.191)	-0.619 *** (0.147)	-0.508 *** (0.147)	-0.669 *** (0.186)	-0.705 *** (0.221)
税负水平 *bur*	-0.328 ** (0.177)	-0.532 *** (0.145)	-0.342 ** (0.194)	-0.667 *** (0.256)	-0.578 * (0.306)
金融发展水平 *fin*	1.908 (1.180)	0.306 (1.446)	-0.236 (1.480)	-0.293 (1.900)	-1.833 (2.577)
固定效应	控制	控制	控制	控制	控制
R^2	0.392	0.377	0.351	0.321	0.328

注：分别把分位数步长设为0.1和0.25，两种步长划分情况下的核心解释变量的变动趋势相同，篇幅所限，仅报告步长为0.25的结果；括号内为稳健标准误。

二是控制变量估计结果。在全部分位数上产业结构、劳动年龄人口对劳动收入份额的影响显著为负，对劳动收入份额产生抑制作用；政府干预程度的估计系数则在所有分位数上显著为正，且有缓慢上升的态势，表明政府干预程度的提高有助于劳动收入份额的提高。值得注意的是，人力资本的估计系数始终为正向，并且随着分位数的增加逐渐提高，从 0.10 分位数上的 0.492 提高到 0.9 分位数上的 2.183，表明人力资本对劳动收入份额存在显著的促进作用；就显著性而言，在 0.10 分位数上不显著，0.25 分位数和 0.50 分位数在 5% 的水平上显著，0.75 分位数和 0.90 分位数则在 1% 的水平上显著，意味着随着人力资本水平的提高，人力资本对劳动收入份额的促进作用越来越凸显。

表 5-8 为不同地区在不同分位数上，人工智能对劳动收入份额影响的边际效应的异质性分析结果。结果表明在不同劳动收入份额水平上，人工智能对劳动收入份额的影响存在地区差异，假说 1b 得以证实。从不同分位数上不同地区人工智能对劳动收入份额边际抑制效应的存在性方面来看，东部地区和东北地区在所有分位数上人工智能的估计系数均不显著，说明在这两个地区人工智能对劳动收入份额的边际抑制效应不明显；中部地区和西部地区总体上人工智能水平的提高可以显著降低本地区的劳动收入份额。具体而言，中部地区人工智能水平对劳动收入份额的负向影响最为显著，在劳动收入份额的 0.25 分位数及以上，人工智能对劳动收入份额的边际负向影响的绝对值范围为 [4.273，7.212]；同样在 0.25 分位数及以上，西部地区人工智能对劳动收入份额的边际效应的绝对值范围为 [3.635，5.325]。从不同分位数人工智能估计系数的变动趋势来看，中部地区从 0.25 分位数到 0.50 分位数出现显著的下降，在 0.75 分位数又出现上升，在 0.90 分位数则略微下降，整体呈下降态势；西部地区人工智能对劳动收入份额的边际负向影响在 0.25~0.75 分位数呈现上升的趋势，在 0.75 分位数以后则出现下降，总体上边际负向影响存在倒 "V" 形结构。

表5-8　分地区的面板分位数回归结果

变量	0.10	0.25	0.50	0.75	0.90
东部地区	-0.043 (1.028)	0.206 (0.805)	1.103 (0.817)	0.966 (0.892)	1.535 (1.543)
中部地区	-0.700 (3.919)	-7.212** (3.219)	-4.273** (2.272)	-6.284*** (2.024)	-5.502*** (1.805)
西部地区	-3.420 (2.323)	-3.635** (1.916)	-4.968*** (1.660)	-5.325** (1.860)	-4.585* (2.386)
东北地区	-2.399 (4.162)	-2.462 (3.540)	-1.574 (3.260)	-3.000 (3.548)	-0.694 (4.169)

5.4.2　非线性的探讨

随着人工智能技术的扩散，人工智能应用的广度和深度得以扩展，涉及人工智能技术研发、应用、维护的工作岗位被大量创造，岗位创造效应占据主导地位。为适应人工智能的发展，劳动者的人力资本水平随之提高，劳动力的技能结构错配得以改善，提高新型岗位与劳动力的匹配程度。换言之，人工智能对劳动收入份额的影响随着岗位创造效应的增加、人机匹配程度的提高，预期将会表现出正向的影响。

加入人工智能平方项的回归。表5-9的第（1）~第（3）列为基准情形下分别使用随机效应、固定效应模型、两阶段最小二乘法（2SLS）的回归结果，第（4）~第（6）列则为加入人工智能平方项之后相应的回归结果。其中，两阶段最小二乘法中，使用的工具变量为借鉴魏下海等（2020）的方法计算得出。从中可以看出，人工智能一次项的系数显著为负，二次项的系数则显著为正，人工智能对劳动收入份额的影响呈现"U"形趋势，拐点处的人工智能水平约为2.474（以2SLS的回归结果计算）。根据计算得出2006~2017年的全国平均的人工智能水平为0.494，样本期间各省份的均值小于拐点处人工智能的水平，少数大于拐点的数据处于2016年和2017年。这一结果表明：人工智能对劳动收入份额的影响以负向为主；随着人工智能应用深度和广度的扩展，岗位创造效应和人机匹配程度提高，人工智能对劳动收入份额的影响由负向转为正向。随机效应模型、固定效应模型以及两阶段最小二乘的结果均支持这一结论，这在一定程度上说明了结论的稳健性。人工智能对劳动收入份额的影响呈先降低后提高的趋势，现阶段人工智能对劳动收入份额的影响以抑制作用为主。

表5-9　非线性回归结果

变量	（1）随机效应	（2）固定效应	（3）2SLS	（4）随机效应	（5）固定效应	（6）2SLS
Rob	-2.096***	-2.433**	-2.428***	-3.661***	-7.084***	-5.883***
	(1.762)	(1.020)	(0.661)	(1.411)	(1.956)	(2.188)
Rob^2				0.421*	1.182***	1.189*
				(0.246)	(0.344)	(0.592)
$lngdp$	4.478***	-9.823	0.154	5.384***	-10.969*	0.793
	(1.708)	(5.979)	(1.060)	(1.789)	(5.915)	(1.206)
ope	-0.094***	-0.036	-0.037**	-0.099***	-0.026	-0.045***
	(0.022)	(0.038)	(0.011)	(0.022)	(0.036)	(0.013)
ins	-0.239***	-0.167*	-0.291***	-0.245***	-0.168*	-0.286***
	(0.071)	(0.100)	(0.034)	(0.071)	(0.092)	(0.033)
gov	0.203***	-0.045	0.312***	0.194	-0.148	0.311***
	(0.140)	(0.179)	(0.055)	(0.142)	(0.158)	(0.057)
sta	-0.013	-0.011	-0.124***	-0.020	-0.028	-0.144***
	(0.057)	(0.073)	(0.036)	(0.057)	(0.071)	(0.038)
edu	-0.227	-0.560	1.286***	-0.265	-0.465	1.341***
	(0.418)	(0.658)	(0.318)	(0.424)	(0.720)	(0.333)
lp	-0.411**	-0.326	-0.728***	-0.466**	-0.428*	-0.788***
	(0.204)	(0.233)	(0.122)	(0.219)	(0.229)	(0.138)
bur	-0.092	0.129	-0.550***	-0.088	0.189	-0.536***
	(0.256)	(0.336)	(0.125)	(0.259)	(0.308)	(0.126)
fin	0.983	0.018	0.215	0.882	-1.016	0.108
	(1.773)	(2.879)	(1.131)	(1.751)	(2.685)	(1.160)
观测值	360	360	360	360	360	360
R^2	0.471	0.601	0.540	0.477	0.622	0.527
F检验	—	25.08	—	—	21.49	—

5.5　本章小结

本章在第4章理论分析的基础上，利用2006~2017年省级面板数据，通过构建面板固定效应模型考察了人工智能对劳动收入份额的影响，进行相应的异质性检验，使用替换被解释变量、控制变量、控制估计方法、缩尾处理、动态面板模型等进行稳健性检验，分别将被解释变量的滞后一期、机器人覆盖度作为工具变量解决内生性问题；通过构建面板分位数模型考察人工智能对劳动收入份额影响的水平分解效应，即在不同劳动份额水平下，人工智能对劳动收入份额影响的变动，并进行地区异质性分析。得出如下结论：

（1）人工智能的应用显著降低了劳动收入份额。人工智能对劳动收入份额的影响存在区域差异，西部地区的影响最大，中部次之，东部最小。在经济发展水平较高、劳动保护程度较高、劳动力丰裕程度较高的地区，人工智能对劳动收入份额的负向影响较小，反之则较大。

（2）随着劳动收入份额水平的提高，人工智能对劳动收入份额的负向影响整体上呈减小的趋势。地区异质性分析表明，人工智能对劳动收入份额的边际抑制效应在中部和西部地区显著，在东部地区和东北地区则不显著。

第6章　人工智能对劳动收入份额影响的空间溢出和门限效应检验

习近平总书记曾指出，人工智能技术具有溢出性很强的头雁效应。人工智能技术作为广泛渗透的通用目的的技术，决定了其具有较强的区间外溢特征，其扩散是否会对邻近地区产生影响？人工智能对劳动收入份额的影响是否存在空间溢出效应？是否存在长短期效应的差异？这些均是需要进行实证检验的问题。考虑到人工智能技术存在的扩散效应，以及通过影响劳动需求引起的劳动力流动效应，空间因素的引入是必要的。基于此，本章使用2006~2017年的省级面板数据，在考虑空间因素的基础上构建静态和动态空间杜宾模型，探究人工智能对劳动收入份额影响的空间溢出效应，并进一步对长短期效应进行区分。本章研究补充了人工智能与劳动收入份额关系的空间研究，对促进人工智能区域间协调发展具有重要意义。

6.1　人工智能对劳动收入份额的空间溢出效应检验

6.1.1　空间计量模型的构建

传统计量模型隐含地区间彼此相互独立的假定，实际上各地区经济往来频繁，地区间存在相互影响，无法满足彼此独立的假定。为了解决传统计量模型产生的估计偏误，空间计量经济学将空间的依赖性和相关性引入计量模型，通过构建权重矩阵的方法修正传统模型，从而考察地区间的扩散效应或溢出效应。空间计量模型主要有空间自回归（SAR）模型、空间误差项（SEM）模型、空间自相关（SAC）模型以及空间杜宾（SDM）模型等。不同类型的空间计量模型反映的传导机制不同，SAR 模型考虑了劳动收入份额的空间影响；SEM 模型将随机冲击视作空间效应的主要来源；SAC 模型同时考虑劳动收入份额和随机冲击的空间影响；SDM 模型则把空间效应的产生归结于被解释变量和解释变量。其中，SDM模型包含解释变量的空间滞后项，而空间滞后项有助于减少实证分析中由于遗漏变量产生的偏误。

为了选取最优的模型，并考察模型之间转化的情况。本书分别建立 SAR 模型、SEM 模型、SAC 模型和 SDM 模型，在进行相关检验的基础上确定最优模型。

$$labs_{it} = \rho W'_i labs_t + \beta x'_{it} + u_i + \gamma_t + \varepsilon_{it} \tag{6-1}$$

$$labs_{it} = \beta x'_{it} + u_i + \gamma_t + \varepsilon_{it}$$
$$\varepsilon_{it} = \lambda W'_i \varepsilon_t + v_{it} \tag{6-2}$$

$$labs_{it} = \rho W'_i labs_t + \beta x'_{it} + u_i + \gamma_t + \varepsilon_{it}$$
$$\varepsilon_{it} = \lambda W'_i \varepsilon_t + v_{it} \tag{6-3}$$

$$labs_{it} = \rho W'_i labs_t + \beta x'_{it} + \delta W'_i X_t + u_i + \gamma_t + \varepsilon_{it} \tag{6-4}$$

式（6-1）至式（6-4）分别为 SAR 模型、SEM 模型、SAC 模型、SDM 模型，$labs_{it}$ 为被解释变量劳动收入份额，$\boldsymbol{W}$ 为空间权重矩阵，$\boldsymbol{x}_{it}$ 为解释变量，$\boldsymbol{X}_t$ 为解释变量的空间滞后项，u_i 为地区固定效应，γ_t 为时间固定效应，ε_{it} 为随机误差项，ρ、δ、λ 分别为被解释变量、解释变量、随机误差的空间滞后项的系数。可以看出，以上模型存在着相互关联，当 SDM 模型中 $\delta=0$ 时，或者 SAC 模型中 $\lambda=0$ 时，原模型转化为 SAR 模型；当 SAC 模型中 $\rho=0$ 时，其转化为 SEM 模型；当 SDM 模型在满足 $\delta=-\rho\boldsymbol{\beta}$ 时，SDM 模型转化为 SEM 模型。

考虑到被解释变量劳动收入份额受到来自上一期的影响，即存在"时间惯性"，本书同时构建了包含劳动收入份额滞后项的动态空间杜宾模型（Dynamic Spatial Durbin Model，DSDM），模型形式如下：

$$labs_{it}=\sigma labs_{it-1}+\rho W'_i labs_t+\varphi W'_i labs_{t-1}+\beta x'_{it}+\delta W'_i X_t+u_i+\gamma_t+\varepsilon_{it} \tag{6-5}$$

静态空间杜宾模型仅包含空间滞后项，动态空间杜宾模型还包括了被解释变量劳动收入份额的时间滞后项，在一定程度上可以缓解模型的内生性问题，因此动态空间杜宾模型比静态空间杜宾模型具有更强的解释力（张明斗和王亚男，2021）。

6.1.2　空间权重的构建

空间计量分析不同于普通面板分析，其特点主要表现为对空间单元之间相互关联性的考察。空间权重矩阵用来反映空间单元间的相互依赖特征，是地区间空间关联的重要体现，空间权重矩阵的选择对空间计量分析尤为重要，其选择直接影响后续的计量结果。从形式上看，空间权重矩阵为 n×n 的矩阵。然而，学界有关空间权重矩阵的设定存在分歧。邻接矩阵和地理距离权重矩阵是常用的空间权重矩阵，本章以上述两种空间权重矩阵作为分析的基础。鉴于空间权重矩阵选择的重要性，后续会选择其他方法计算的空间权重矩阵进行稳健性检验。邻接矩阵和地理距离矩阵的计算方法如下所示：

邻接空间权重矩阵（W_1）。邻接权重矩阵使用简单的二进制规则定义空间权重矩阵。对两个不同的空间单元而言，如果两个地区相邻，则取值为 1，反之则取 0。该空间权重矩阵的元素遵从如下规则：

$$w_{ij} = \begin{cases} 1, & \text{当区域 } i \text{ 和区域 } j \text{ 相邻接} \\ 0, & \text{其他} \end{cases} \tag{6-6}$$

基于我国各省份间的邻接事实，选择"后相邻"的关系，即两个地区存在共同的顶点或者边。海南省较为特殊，其与其他省份没有接壤，属于"孤岛"。为避免"孤岛"的存在，方便进行空间溢出效应的研究，参考以往学者的通用做法，将海南省设定为与广东省相邻。邻接矩阵可以反映地区间的空间关系，但是邻接矩阵暗含本地区对相邻地区的影响是相同的，对不相邻的地区则不存在影响的假设。由于该空间权重矩阵并未考虑本地区对邻近地区的影响随距离增大而衰减的特征，因此本书同时构建了地理距离权重矩阵。

地理距离空间权重矩阵（W_2）。基于地区间的地理距离构建空间权重矩阵，与"地理学第一定律"相契合，各事物与其他事物存在联系，但与距离较近的事物联系更为紧密。地理距离空间权重的各元素为：

$$w_{ij} = \begin{cases} \dfrac{1}{d_{ij}^2}, & i \neq j \\ 0, & i = j \end{cases} \tag{6-7}$$

其中，d_{ij} 为两个不同省份地理中心位置间的欧式距离，通过 GeoDa 软件计算得出。在实证分析中使用的空间权重矩阵均为行标准化后的空间权重矩阵。行标准化后的空间权重矩阵为无量纲数据，有助于消除计量单位的影响，仅反映不同地区间的空间相关结构。

6.1.3 变量选取和数据来源说明

被解释变量、解释变量和控制变量的度量方法已经在第 3 章和第 5 章中进行了详细介绍，数据来源也相同，因此这里不再赘述。

空间权重矩阵的说明。邻接空间权重矩阵的相关信息来自国家地理信息系统网站，地理距离权重矩阵中各地区地理中心位置坐标由 GeoDa 软件计算得出。

6.1.4 空间相关性分析

空间相关性指的是不同地理位置的观测值在空间上并非是独立的，变量之间是相互制约、相互影响的，变量呈现出某种非随机的空间模式（叶阿忠等，2020）。空间相关性是进行空间计量分析的前提条件。根据研究的范围的不同，空间相关性可以分为全局相关和局部相关。全局空间相关侧重变量在整体上的空间分布特征，局部空间相关着眼于部分空间单元，局部空间相关性随着变量空间位置的变动随之发生改变。本小节分别进行全局空间自相关和局部空间自相关检验，探究人工智能和劳动收入份额存在的空间特征。

6.1.4.1 全局空间相关性分析

空间计量分析的前提条件是变量存在空间相关性，莫兰指数、吉尔里指数和 Geary 指数是常用的衡量空间相关的指标。其中，莫兰指数的稳定性较强，其对偏离正态分布的情况不敏感，因此在学界得到了更加广泛应用（万坤扬和陆文聪，2010）。本书使用莫兰指数 I 检验劳动收入份额（$labs$）、人工智能（Rob）在样本区间总体的空间相关性。用全局莫兰指数来检验全局空间相关性，其计算公式为：

$$\text{Moran's I} = \frac{N \sum_{i=1}^{N} \sum_{j=1}^{N} w_{ij}(x_i - \overline{x})(x_j - \overline{x})}{\sum_{i=1}^{N}(x_i - \overline{x})^2 \sum_{i=1}^{N} \sum_{j=1}^{N} w_{ij}} = \frac{\sum_{i=1}^{N} \sum_{j \neq i}^{N} w_{ij}(x_i - \overline{x})(x_j - \overline{x})}{S^2 \sum_{i=1}^{N} \sum_{j=1}^{N} w_{ij}} \quad (6-8)$$

其中，N 为总的地区数量；w_{ij} 为空间权重矩阵第 i 行 j 列的元素数值，这里要求空间权重矩阵为对称矩阵；x_i 为 i 地区的变量的观察值；x_j 为 j 地区变量的观察值；$\overline{x}$ 为变量观察值的均值；S^2 为变量观察值的方差。全局莫兰指数在 $[-1, 1]$ 的范围内取值如果该值为 0 表明变量不存在空间上的相关性；小于 0 表示变量存在空间负向相关关系；大于 0 表示变量存在空间正向相关关系。

全局空间相关性的检验结果如表 6-1 所示，在 W_1 和 W_2 两种情况下，劳动收入份额和人工智能的莫兰指数 I 均在 1% 的水平上显著为正，性质相似的空间单元产生集聚，强烈拒绝"无空间相关性"的原假设，满足空间计量分析的前提条件。

表 6-1　莫兰指数

变量		I	E（I）	Sd（I）	z	p-value[*]
W₁	*labs*	0. 305	−0. 003	0. 038	8. 081	0. 000
	Rob	0. 629	−0. 003	0. 038	16. 750	0. 000
W₂	*labs*	0. 248	−0. 003	0. 025	9. 927	0. 000
	Rob	0. 625	−0. 003	0. 025	25. 071	0. 000

6.1.4.2　局部空间相关性分析

局部莫兰指数可以反映某地区附近的空间集聚情况。局部莫兰指数（Local Moran index）的计算公式如下所示：

$$I_i = \frac{(x_i - \overline{x}) \sum\limits_{j \neq i}^{N} w_{ij}(x_j - \overline{x})}{S^2 \sum\limits_{i=1}^{N} \sum\limits_{j=1}^{N} w_{ij}} \tag{6-9}$$

式中字母的含义与全局莫兰指数相同，不再赘述。如果该值大于 0，说明变量存在正的空间相关性，即变量呈现出高值与高值邻近，低值与低值邻近；如果该值小于 0，变量则存在负的空间相关性，呈现高—低或者低—高相邻的特征。

为了更清楚地了解各地区空间相关关系，本书分别计算了邻接矩阵和地理距离权重矩阵情况下，样本期间每年的局部莫兰指数，结果同样表明劳动收入份额（*labs*）、人工智能（*Rob*）存在空间相关性。图 6-1 和图 6-2 分别为劳动收入份额、人工智能在 2006 年、2017 年的莫兰散点图。从图 6-1 中可以看出，绝大多数的省份落在第一、第三象限，表明劳动收入份额存在正向空间相关性，劳动收入份额较高的省份被高值省份包围，劳动收入份额较低的省区被低值省份包围。从图 6-2 可以看出，大部分省份位于第一、第三象限，人工智能存在高高集聚和低低集聚的特征。通过上述分析可以得出，劳动收入份额和人工智能均存在正向空间相关性，如果忽略这种空间相关性，将会导致计量结果产生偏误。

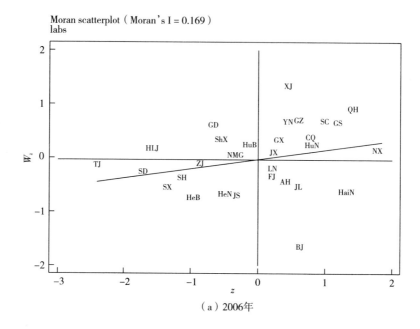

（a）2006年

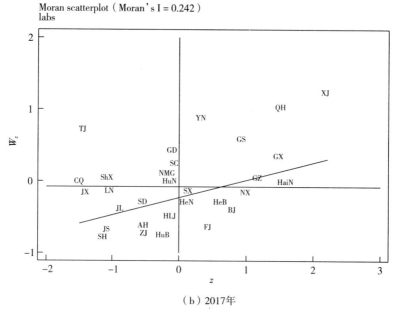

（b）2017年

图 6-1　劳动收入份额莫兰散点图

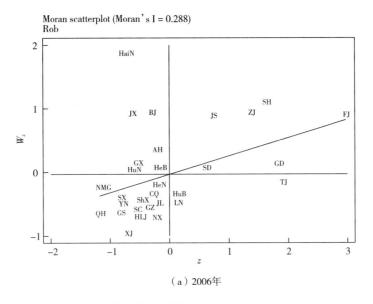

（a）2006年

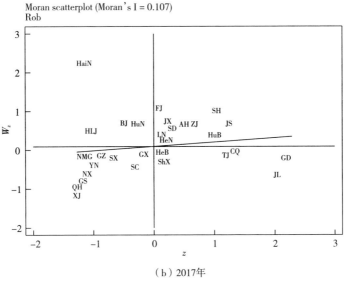

（b）2017年

图 6-2　人工智能莫兰散点图

6.1.5　计量模型估计结果的分析

6.1.5.1　模型设定检验

根据 Elhorst（2014）"从具体到一般"和"从一般到具体"相结合的模型选

取原则，进行了 LR 检验、LM 检验、Wald 检验以及 Hausman 检验。先对不包含空间效应的普通 OLS 进行回归，使用回归残差进行 LM 检验，结果显示 LM error 检验统计量和 LM lag 检验统计均显著，同时支持 SAR 模型和 SEM 模型，Robust LM error 显著但是 Robust LM lag 不显著；接着进行 LR 检验、Wald 检验，两种检验方法的结论强烈拒绝 SDM 模型与 SAR 模型存在本质差别，SDM 模型与 SEM 模型在本质上是有区别的，SDM 模型不能退化成其他模型，因此最优选择为空间杜宾模型。此外，根据 Hausman 的检验结果显示，应该使用固定效应模型。表 6-2 为 W_1 空间权重矩阵下的检验结果，使用 W_2 空间权重矩阵所得结论相同。

表 6-2　模型设定检验结果

指标		statistic	df	P 值
LM 检验	spatial error			
	Moran's I	3.327	1	0.001
	LM	8.768	1	0.003
	Robust	0.013	1	0.910
	spatial lag			
	LM	13.831	1	0.000
	Robust	0.392	1	0.024
LR 检验	lrtest sdm sar			
	LR chi^2(10)	34.19	—	0.000
	lrtest sdm sem			
	LR chi^2(10)	32.53	—	0.000
Wald 检验	Sar chi^2(10)	35.92	—	0.000
	Sem chi^2(10)	34.16	—	0.000
Hausman 检验	LR chi^2(21)	98.08	—	0.000

6.1.5.2　空间回归结果分析

基于邻接矩阵 W_1 和地理距离矩阵 W_2，本书分别列出了静态空间杜宾模型和动态空间杜宾模型的回归结果，如表 6-3 所示。就模型的拟合程度 R^2 而言，无

论是在邻接矩阵 W_1 的情形下，还是在地理距离矩阵 W_2 的情形下，动态空间杜宾模型的拟合程度均高于静态空间杜宾模型的拟合程度，说明动态空间杜宾模型具有更强的稳健性。以地理距离矩阵为基础的动态空间杜宾模型的拟合程度最高，因此本书主要分析表 6-3 第（4）列的回归结果。

表 6-3　两种空间权重矩阵下静态、动态空间杜宾模型回归结果

变量	W_1		W_2	
	（1）静态空间杜宾模型	（2）动态空间杜宾模型	（3）静态空间杜宾模型	（4）动态空间杜宾模型
$labs_{t-1}$		0.545 *** （0.040）		0.618 *** （0.042）
Rob	-2.004 *** （0.445）	-1.271 *** （0.382）	-2.244 *** （0.453）	-1.412 *** （0.383）
$lngdp$	0.344 （2.953）	0.912 （2.769）	-2.315 （2.959）	-0.006 （2.740）
ope	-0.064 *** （0.020）	-0.037 ** （0.020）	-0.061 *** （0.019）	-0.050 *** （0.019）
ins	-0.177 *** （0.057）	-0.123 ** （0.052）	-0.210 *** （0.056）	-0.126 ** （0.050）
gov	-0.004 （0.085）	-0.018 （0.078）	-0.011 （0.083）	-0.040 （0.075）
sta	0.062 （0.041）	0.041 （0.036）	0.011 （0.039）	0.015 （0.034）
edu	-0.040 （0.570）	0.617 （0.488）	-0.693 （0.569）	0.316 （0.480）
lp	-0.084 （0.140）	0.064 （0.121）	-0.133 （0.143）	0.011 （0.121）
bur	-0.078 （0.194）	0.092 （0.171）	0.041 （0.188）	0.029 （0.168）
fin	-3.388 ** （1.610）	-3.042 ** （1.416）	-2.662 * （1.511）	-2.089 （1.299）

续表

变量	W_1		W_2	
	（1）静态空间 杜宾模型	（2）动态空间 杜宾模型	（3）静态空间 杜宾模型	（4）动态空间 杜宾模型
$W×Rob$	-0.237 （0.579）	-0.939* （0.506）	1.337 （1.178）	-2.573** （1.048）
$W×lngdp$	1.569 （3.344）	1.968 （3.217）	-7.432 （5.038）	7.330 （4.807）
$W×ope$	-0.084** （0.035）	-0.068** （0.033）	-0.133*** （0.048）	-0.036 （0.044）
$W×ins$	-0.010 （0.115）	-0.187* （0.103）	-0.130 （0.187）	-0.433** （0.167）
$W×gov$	0.551*** （0.132）	0.443*** （0.123）	1.234*** （0.267）	0.726*** （0.246）
$W×sta$	-0.199*** （0.062）	-0.119** （0.055）	-0.268*** （0.092）	-0.086 （0.080）
$W×edu$	-0.106 （0.642）	-0.976* （0.547）	0.950 （0.746）	-0.152** （0.624）
$W×lp$	-0.127 （0.249）	-0.291 （0.213）	0.705* （0.369）	-0.609** （0.324）
$W×bur$	-1.149*** （0.397）	-0.959*** （0.342）	-1.569*** （0.497）	-1.733*** （0.446）
$W×fin$	1.801 （2.478）	-4.596** （2.281）	3.511 （3.459）	-12.297*** （3.416）
rho	0.351*** （0.061）	0.327*** （0.058）	0.221** （0.093）	0.402*** （0.086）
时间效应	N	N	N	N
地区效应	Y	Y	Y	Y
R^2	0.664	0.640	0.590	0.654
Log-likelihood	-829.263	-693.573	-693.573	-687.718

注：***、**、*分别表示在1%、5%、10%的水平上显著，括号内数值为标准误。下同。

主要变量的分析。就被解释变量劳动收入份额而言，劳动收入份额滞后一期

（$labs_{t-1}$）的系数在 1% 的水平显著为正，说明地区的劳动收入份额具有明显的时间依赖特征；劳动收入份额空间滞后项（$W \times labs$）的系数 rho 在两种空间权重矩阵下，均在 1% 的水平显著为正，劳动收入份额的空间集聚特征表现为高劳动收入份额的地区被高劳动收入份额的地区包围，低劳动收入份额的地区被低劳动收入份额的地区包围，与空间相关分析的结果一致。就人工智能变量而言，人工智能（Rob）的估计系数在 1% 的水平显著为负，人工智能水平的提高造成劳动收入份额的下降，其系数的绝对值明显低于静态空间杜宾模型，静态空间杜宾模型高估了人工智能对劳动收入份额的负向影响；人工智能的空间滞后项（$W \times Rob$）的系数在 5% 的水平显著为负，本地区人工智能的发展对邻近地区的劳动收入份额产生负向影响，初步证明了人工智能对劳动收入份额存在空间溢出效应。

控制变量的分析。对外开放程度（ope）、产业结构（ins）对劳动收入份额产生显著的负向影响，本地区的产业结构会对其他地区的劳动收入份额产生负向影响；政府财政支出（gov）提高了邻近地区的劳动收入份额，人力资本水平（edu）、财政收入占比（bur）、金融发展水平（fin）对邻近地区的劳动收入份额均产生负向影响。

6.1.5.3　长短期直接效应和空间溢出效应分析

动态空间杜宾模型中的时间滞后项和空间滞后项包含区域间的交互信息，使得解释变量对被解释变量的影响更为复杂。简单的回归系数并不能很好地反映人工智能对劳动收入份额的影响，仅能做粗略判断。Lesage 和 Pace（2009）使用偏微分法将解释变量对被解释变量的影响具体分解为直接效应、间接效应以及总效应，本书借鉴该方法严谨地分析了人工智能对劳动收入份额的空间溢出效应。具体而言，直接效应为人工智能对本地区劳动收入份额的影响，直接效应又可以细分为人工智能对劳动收入份额的直接影响，以及人工智能影响了其他地区的人工智能从而对本地区产生反馈效应。间接效应也被称为空间溢出效应，具体包括其他地区人工智能对本地区劳动收入份额的影响和其他地区人工智能对劳动收入份额的影响从而导致本地区劳动收入份额的变化。直接效应和间接效应加总即为总效应。

为了更好地认识人工智能对劳动收入份额的影响，本书依据偏微分法将结果分解为直接效应、间接效应（空间溢出效应）以及总效应。静态空间杜宾模型仅能报告变量的长期效应，动态空间杜宾模型则可同时报告短期效应和长期效应，表6-4为邻接空间权重矩阵下动态空间杜宾模型的长、短期效应，距离空间权重矩阵下回归结果的正负号和显著性与表6-4相同。就短期效应而言，人工智能对劳动收入份额的直接效应（−1.402）、间接效应（−1.862）、总效应（−3.264）均在1%的水平显著。这意味着本地区人工智能水平的提高会降低本地区劳动收入份额，同时会降低邻近省份的劳动收入份额，存在显著负向空间溢出效应。就长期效应而言，人工智能的长期直接效应、间接效应和总效应均不显著。原因主要是人工智能的发展方兴未艾，其长期效应尚未显现，实际中长期均衡并未达成。综上所述，人工智能对劳动收入份额存在负向空间溢出效应，且以短期效应为主。

表6-4　短期效应和长期效应的分解

变量	短期直接效应	短期间接效应	短期总效应	长期直接效应	长期间接效应	长期总效应
Rob	−1.402***	−1.862***	−3.264***	−4.187**	−14.536	−18.723
	(0.373)	(0.742)	(0.891)	(1.793)	(42.845)	(44.327)
$\ln gdp$	1.375	2.699	4.074	4.258	15.497	19.756
	(2.511)	(3.527)	(6.789)	(5.917)	(56.103)	(57.878)
ope	−0.045**	−0.109	−0.153***	−0.150**	−0.726	−0.875
	(0.019)	(0.042)	(0.043)	(0.074)	(1.696)	(1.756)
ins	−0.145***	−0.332**	−0.477***	−0.497	−2.547	−3.044
	(0.052)	(0.150)	(0.176)	(0.353)	(8.802)	(9.119)
gov	0.025	0.618***	0.643***	0.305	3.940	4.244
	(0.078)	(0.168)	(0.196)	(0.442)	(9.987)	(10.378)
sta	0.033	−0.145**	−0.112	0.027	−0.799	−0.772
	(0.037)	(0.075)	(0.082)	(0.111)	(1.597)	(1.666)
edu	0.529	−1.077*	0.548	0.924	−1.818	−3.671
	(0.442)	(0.604)	(0.532)	(1.102)	(6.863)	(10.204)

续表

变量	短期直接效应	短期间接效应	短期总效应	长期直接效应	长期间接效应	长期总效应
lp	0.051 (0.120)	−0.378 (0.293)	−0.327 (0.334)	−0.006 (0.399)	−1.818 (6.863)	−1.823 (7.127)
bur	0.011 (0.171)	−1.255 *** (0.465)	−1.244 ** (0.526)	−0.431 (0.634)	−7.047 (12.421)	−7.478 (12.873)
fin	−3.652 ** (1.445)	−7.999 ** (3.201)	−11.650 *** (3.566)	−12.434 (8.838)	−63.657 (209.811)	−76.092 (217.696)

6.1.6　稳健性检验

6.1.6.1　变换空间权重矩阵

考虑到回归结果对空间权重的选取较为敏感，本书同时构建如下三种权重矩阵验证结论的稳健性。

第一，地理距离倒数空间权重矩阵（W_3）。此矩阵非对角线的元素为两地中心位置地理距离的倒数，对角线元素则为 0。如下式所示：

$$w_{ij} = \begin{cases} \dfrac{1}{d_{ij}}, & i \neq j \\ 0, & i = j \end{cases} \tag{6-10}$$

第二，经济距离矩阵（W_4）。考虑地区间的经济联系是影响空间效应的重要因素，构建了经济距离空间权重矩阵。矩阵非对角线的元素为两地区实际人均 GDP 差额绝对值的倒数，对角线元素则为 0。如下式所示：

$$w_{ij} = \begin{cases} \dfrac{1}{|p_i - p_j|}, & i \neq j \\ 0, & i = j \end{cases} \tag{6-11}$$

第三，经济与地理距离嵌套矩阵（W_5）。考虑到地区间的相关性同时与地理位置和两地区的经济发展水平相关，本书借鉴曾艺等（2019）的研究，构建如下的经济与地理距离嵌套矩阵。矩阵中的元素满足如下条件：

$$W_5 = \theta W_3 + (1-\theta) W_4 \tag{6-12}$$

其中，W_3 为地理权重矩阵，W_4 为经济距离空间权重矩阵，θ 取值为 0.5。

在以上三种权重情形下，人工智能对劳动收入份额的直接效应、间接效应（空间溢出效应）、总效应的大小与前文分解结果虽存在差异，但方向和显著性均相同，证明结论具有一定的稳健性。

6.1.6.2　其他稳健性检验

采用替换被解释变量、剔除极端值的方法进行稳健性检验。两种稳健性检验的具体做法分别为：①将要素法计算的劳动收入份额替换为 GDP 法计算的劳动收入份额；②将所有变量进行上下 1% 的缩尾处理。表 6-5 第（4）、第（5）行的结果即为 W_2 矩阵下的稳健性检验结果。从表 6-5 中可以看出，稳健性检验的结果与基准结果仅在系数大小上存在细微差别，影响方向与显著性均相同。

表 6-5　稳健性检验

稳健性检验方法	短期直接效应	短期间接效应	短期总效应
（1）	−1.533 ** (0.453)	−17.709 ** (8.983)	−19.242 ** (9.276)
（2）	−1.027 *** (0.395)	−4.175 *** (1.242)	−5.202 *** (1.334)
（3）	−1.552 *** (0.429)	−16.773 ** (6.611)	−18.325 *** (6.850)
（4）	−1.520 *** (0.331)	−4.756 *** (1.708)	−6.277 *** (1.829)
（5）	−1.818 *** (0.407)	−5.547 *** (2.039)	−7.366 *** (2.159)

6.2　人工智能对劳动收入份额影响的门槛效应实证检验

共同富裕的理念已融入我国的顶层设计和政策变革中，但劳动收入份额偏低不利于中等收入群体的扩大和橄榄型社会的形成，最终会阻碍共同富裕推进的步伐（罗志恒等，2022）。历史经验告诉我们，科学技术的应用均会对收入分配产生影响。人工智能科技革命正值我国人口结构转变的关键时期。根据第七次人口普查数据，人口老龄化加深和人力资本水平上升是人口变化的两大主要特征。人口老龄化会导致劳动力短缺、用工成本上升，人工智能则可弥补劳动力缺口，降低人口老龄化对经济的不利影响。人工智能是应对老龄化的重要工具（陈秋霖等，2018；高春明等，2020）。通过节约劳动力的使用、提高全要素生产率，人工智能可应对老龄化的冲击（陈彦斌等，2019）。同时，人工智能的发展也会对劳动力提出新的要求，劳动力只有具备更高的人力资本水平、专业性技能，才能与人工智能的发展相匹配，因而人工智能存在人力资本提升效应（曹守新和徐晓霞，2020；胡晟明等，2021）。由此产生这样的疑问：随着我国进入人口老龄化社会以及人力资本的上升，人工智能与劳动收入份额的关系是否会产生相应的变化？人口老龄化和人力资本上升是否会对这一关系产生潜在影响？

既有研究忽略了人工智能对劳动收入份额可能存在的潜在非线性影响。而当今中国正处于人口结构转型期，这种潜在的非线性影响可能更大。本章从非线性视角出发，立足于我国人口老龄化和人力资本上升的现实，考察人工智能对劳动收入份额的影响。同时选取人力资本和人口老龄化作为门限变量，构建面板门限模型，实证检验人工智能对劳动收入份额可能存在的门限效应，并使用多种方法进行稳健性检验。

6.2.1　计量模型的构建

假说 3a 和假说 3b 意味着人工智能对劳动收入份额的负向影响存在门限效应。借鉴 Hansen（1999）提出的基于面板数据的单门限回归模型：

$$y_{it}=\begin{cases}\mu_i+\beta_1 x_{it}+\varepsilon_{it}, & q_{it}\leqslant\gamma, \\ \mu_i+\beta_2 x_{it}+\varepsilon_{it}, & q_{it}>\gamma,\end{cases}\quad i=1,\ 2,\ \cdots,\ n \qquad (6\text{-}13)$$

其中，x_{it} 表示解释变量，β_1 和 β_2 表示估计系数，q_{it} 表示门限变量，γ 表示具体门限值，ε_{it} 表示随机扰动项，且 $\varepsilon_{it} \sim iid\ (0,\ \delta^2)$。需要说明的是，门限变量既可以是解释变量，也可以是独立的变量。式（6-13）可以进一步简化为：

$$y_{it} = \mu_i + \beta_1 x_{it} I(q_{it} \leqslant \gamma) + \beta_1 x_{it} I(q_{it} > \gamma) + \varepsilon_{it} \tag{6-14}$$

其中，$I(\cdot)$ 为示性函数。

继续借鉴 Hansen（1999）的模型，根据假说 3a 和假说 3b，分别以人力资本水平和人口老龄化程度为门限变量，构建如下具体面板门限模型（以单门限为例）：

$$labs_{it} = C_1 + \alpha_1 Rob_{it} I(edu_{it} \leqslant \gamma) + \alpha_2 Rob_{it} I(edu_{it} > \gamma) + \eta X_{it} + \varepsilon_{it} \tag{6-15}$$

$$labs_{it} = C_2 + \beta_1 Rob_{it} I(old_{it} \leqslant \delta) + \beta_2 Rob_{it} I(old_{it} > \delta) + \rho X_{it} + \theta_{it} \tag{6-16}$$

其中，式（6-15）是以人力资本为门限变量的单门限模型，式（6-16）是以人口老龄化为门限变量的单门限模型。需要说明的是，由于事先并不明确门限的个数，因而均以单门限模型为例进行说明，多门限模型的构建类似，其实质均为分段函数。式（6-15）中：C_1 为常数项，edu 为门限变量人力资本水平，γ 为具体门限值，X_{it} 为控制变量，ε_{it} 为随机扰动项，α_1 为人力资本小于等于门限值时人工智能的估计系数，α_2 为人力资本大于门限值时人工智能的估计系数，η 为控制变量的系数。式（6-16）中：C_2 为常数项，old_{it} 为门限变量人口老龄化，δ 为门槛值，X_{it} 为控制变量，θ_{it} 为随机扰动项，β_1 为人口老龄化小于门限值时人工智能的回归系数，β_2 为人口老龄化程度大于门限值时的人工智能的回归系数，ρ 为控制变量估计系数。

6.2.2 变量说明和数据来源

被解释变量、核心解释变量、控制变量的计算和数据来源在前文有详细说明，这里不再赘述。

门限变量。本章选取的门限变量为人力资本水平 edu 和人口老龄化程度 old。人力资本水平使用劳动力平均受教育年限表示，人口老龄化程度的计算方法为65 岁及以上人口数占总人口的比重。数据来源于《中国统计年鉴》。

6.2.3　实证结果分析

6.2.3.1　门限效应分析回归结果分析

以人力资本和人口老龄化为门限变量，使用面板门限模型进一步探讨人工智能对劳动收入份额的非线性影响。面板门限模型的检验主要包括门限效应显著性检验和门限值真实性检验两个方面。

门限效应的存在性是使用面板门限模型的前提条件。借鉴 Hansen（2000）的方法，使用"格栅搜索法"搜索相应的门限值，门限估计值的选取原则为模型的残差平方和最小。同时，使用 Bootstrap 法抽样模拟 F 统计量的渐近分布及其临界值，进而根据检验统计量对应的 P 值来判断是否存在门限效应。

本书分别以不存在门限值、存在一个门限值、存在两个门限值为原假设进行门限效应检验，结果如表 6-6 所示。就门限变量人力资本而言，其单一门限变量的检验统计量为 10.05，对应 P 值为 0.063，在 10% 的显著性水平拒绝原假设；双重门限检验的检验统计量为 8.67，对应 P 值为 0.043，在 5% 的显著性水平拒绝原假设；三重门槛的检验统计量为 3.56，对应 P 值为 0.733，未通过显著性检验，无法拒绝原假设，因而可以认为门限变量人力资本存在两个门限值。门限变量人口老龄化的分析过程与之类似，检验结果如表 6-7 所示。可以看出，人口老龄化的门限效应显著性检验统计量仅在单一门限的原假设下通过了 5% 的显著性检验，即人口老龄化变量门限个数为 1。综上所述，以人力资本为门限变量的模型是双重门限模型，以人口老龄化为门限变量的模型是单一门限模型。

表 6-6　人力资本的门限效应检验

原假设和备择假设	F 检验统计量	Bootstrap P 值	临界值		
			90%	95%	99%
单一门限值检验	10.05	0.063	8.636	11.628	16.543
H_0：没有门限值					
H_1：至少存在 1 个门限值					

续表

原假设和备择假设	F 检验统计量	Bootstrap P 值	临界值		
			90%	95%	99%
双重门限值检验 H₀：只有 1 个门限值 H₁：至少存在 2 个门限值	8.67	0.043	7.358	8.310	11.568
三重门限值检验 H₀：只有 2 个门限值 H₁：至少存在 3 个门限值	3.56	0.733	10.015	11.897	17.368

表 6-7　人口老龄化的门限效应检验

原假设和备择假设	检验统计量	Bootstrap P 值	临界值		
			90%	95%	99%
单一门限值检验 H₀：没有门限值 H₁：至少存在 1 个门限值	19.59	0.013	12.598	11.983	22.350
双重门限值检验 H₀：只有 1 个门限值 H₁：至少存在 2 个门限值	3.42	0.683	11.880	14.261	19.824

门限值真实性检验重点关注的是人力资本和人口老龄化门限变量的具体门限值和置信区间。使用极大似然估计量检验门限值，原假设为门限估计值等于真实值。统计量 LR 的分布为非标准分布，当 $LR(\gamma) < 2\log(1-(1-\alpha)^{1/2})$ 时，无法拒绝原假设，其中 α 表示显著性水平。在 5% 的显著性水平，LR 统计量的临界值为 7.35。表 6-8 展示了人力资本两个门限的估计值和 95% 的置信区间以及人口老龄化单门限的估计值和 95% 的置信区间。两个门限估计值是在似然比统计量为 0 的情况下取值，人力资本的两个门限估计值分别为 8.579、9.984，人口老龄化的单一门限值为 12.935。95% 置信区间的含义是 LR 统计量有 95% 的可能性位于这一区间，LR 统计量小于这一区间时可以接受原假设，即认为门限估计值与真实值相等。图 6-3 和图 6-4 为人力资本两个门限值的似然比函数图，图形最低

表 6-8 门限估计值和置信区间

门槛变量	门槛	估计值	95%置信区间
人力资本	第一个门限值	8.579	[8.359, 8.590]
	第二个门限值	9.984	[9.797, 9.985]
人口老龄化	第一个门限值	12.935	[12.551, 12.939]

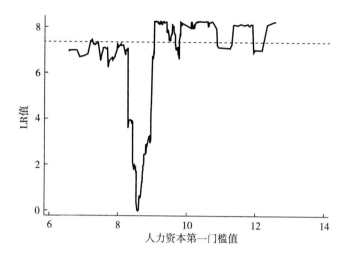

图 6-3 人力资本的第一个门限估计值和置信区间

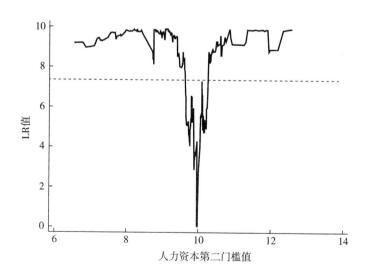

图 6-4 人力资本的第二个门限估计值和置信区间

点对应的横坐标轴的值为门限值。可以看出,门限值相应的 LR 统计量均小于虚线表示的临界值 7.35,因此可以认为人力资本门限估计值与真实值相符。图 6-5 为人口老龄化的似然比函数图,人口老龄化的门限值对应的 LR 统计量明显小于 7.35,即认为人口老龄化门限估计值等于真实值。综上所述,人力资本的双门限值与真实值相等,人口老龄化的单门限值与真实值相等。

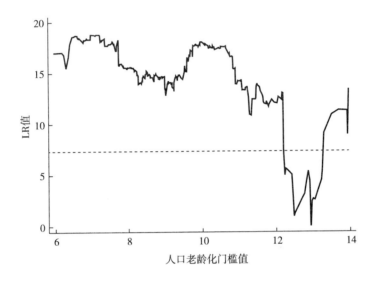

图 6-5　人口老龄化的门限估计值和置信区间

面板门限回归模型的参数估计。根据人力资本和人口老龄化的门限值,分别选择人力资本双重面板门限模型、人口老龄化单一面板门限模型进行拟合回归,回归结果如表 6-9 所示。总体来看,人工智能对劳动收入份额的影响存在显著的非线性特征。

表 6-9　门限效应回归结果

变量	人力资本	人口老龄化
$Rob{\times}I$（$edu \leqslant 8.579$）	-6.065^{***} （1.077）	

续表

变量	人力资本	人口老龄化
Rob×I（8.579<edu≤9.984）	−3.363***	
	(0.583)	
Rob×I（edu>9.984）	−1.816***	
	(0.457)	
Rob×I（old≤12.935）		−1.770***
		(0.465)
Rob×I（old>12.935）		−3.498***
		(0.540)
lngdp	8.932***	6.635***
	(1.482)	(1.377)
ope	−0.097***	−0.116***
	(0.021)	(0.020)
ins	−0.229***	−0.259***
	(0.055)	(0.056)
gov	0.160*	0.152*
	(0.086)	(0.087)
sta	0.023	0.039
	(0.040)	(0.040)
edu	−1.516***	−0.386
	(0.463)	(0.396)
lp	−0.203	−0.303**
	(0.142)	(0.140)
bur	−0.127	−0.164
	(0.205)	(0.206)
fin	0.874	0.840
	(1.425)	(1.431)
样本数	360	360
R^2	0.507	0.502

在以人力资本为门限变量的双重门限模型中，两个门限变量的值分别为8.579、9.984。当人力资本≤8.579时，人工智能的估计系数为−6.065，且在1%的水平显著；当人力资本处于8.579~9.984时，人工智能的估计系数为−3.363，且在1%的水平显著；当人力资本>9.984时，人工智能的估计系数为−1.816，且在1%的水平

显著。随着人力资本越过第一个门限值和第二个门限值，人工智能估计系数的绝对值出现明显下降，意味着人工智能对劳动收入份额的影响存在人力资本门限特征，并且人力资本减弱了人工智能对劳动收入份额的负向影响，即假说3a得证。人工智能催生了新的产业，创造了如机器训练师、人工智能工程师、人工智能测试人员等新岗位，这些岗位通常要求劳动者具备更高水平的人力资本。人力资本水平的提高有助于劳动力实现高质量的就业，与新岗位有更好的匹配程度，提升人工智能的就业创造效应，减弱人工智能对劳动收入份额的抑制作用。

在以人口老龄化为门限变量的单一门限模型中，门限值为12.935。当人口老龄化≤12.935时，人工智能的估计系数为-1.770，且在1%的水平显著；当人口老龄化>12.935，人工智能的估计系数为-3.498，且在1%的水平显著。可以看出，当人口老龄化的程度超过门限值时，人工智能估计系数的绝对值显著提高，即人工智能对劳动收入份额的影响存在人口老龄化的门限特征，且人口老龄化加剧了人工智能对劳动收入份额的负向影响，即假说3b得证。换言之，人口老龄化程度加深提高了劳动力成本，助推了"机器换人"的进程，企业权衡了劳动力成本和机器成本后倾向选择机器，人工智能的就业替代效应增强，人工智能对劳动收入份额的负向影响增加。

6.2.3.2 门槛变量的时空分异特征分析

本节依据人力资本和人口老龄化的不同门槛区间对省份进行划分（见表6-10），以更直观、更深入地分析人工智能对劳动收入份额影响的时空分异特征（见表6-11）。

表6-10　人力资本、人口老龄化处于不同门槛区间的数量（N=30）

门限变量	门槛区间	2006 年	2007 年	2008 年	2009 年	2010 年	2011 年
人力资本	$edu \leq 8.579$	19	18	11	9	6	2
	$8.579 < edu \leq 9.984$	8	9	16	18	21	21
	$edu > 9.984$	3	3	3	3	3	7

续表

门限变量	门槛区间	2006 年	2007 年	2008 年	2009 年	2010 年	2011 年
人口老龄化	$old \leqslant 12.935$	29	29	29	29	30	30
	$12.935 < old$	1	1	1	1	0	0

门限变量	门槛区间	2012 年	2013 年	2014 年	2015 年	2016 年	2017 年
人力资本	$edu \leqslant 8.579$	2	1	2	2	9	1
	$8.579 < edu \leqslant 9.984$	19	16	13	12	16	9
	$edu > 9.984$	9	13	15	16	5	20
人口老龄化	$old \leqslant 12.935$	30	29	28	28	25	23
	$old > 12.935$	0	1	2	2	5	7

表 6-11 2006 年和 2017 年各区域人力资本和人口老龄化的空间分布状况 （N=30）

年份	人力资本			人口老龄化	
	$edu \leqslant 8.579$	$8.579 < edu \leqslant 9.984$	$edu > 9.984$	$old \leqslant 12.935$	$old > 12.935$
2006	河北、内蒙古、浙江、安徽、福建、江西、山东、河南、湖北、湖南、广西、重庆、四川、贵州、云南、陕西、甘肃、青海、宁夏	山西、辽宁、吉林、黑龙江、江苏、广东、海南、新疆	北京、天津、上海	北京、天津、河北、山西、内蒙古、辽宁、吉林、黑龙江、江苏、浙江、安徽、福建、江西、山东、河南、湖北、湖南、广东、广西、海南、重庆、四川、贵州、云南、陕西、甘肃、青海、宁夏、新疆	上海
2017	贵州	安徽、江西、河南、广西、重庆、四川、云南、甘肃、青海	北京、天津、河北、山西、内蒙古、辽宁、吉林、黑龙江、上海、江苏、浙江、福建、山东、湖北、湖南、广东、海南、陕西、宁夏、新疆	北京、天津、河北、山西、内蒙古、吉林、黑龙江、浙江、福建、江西、河南、湖北、湖南、广东、广西、海南、贵州、云南、陕西、甘肃、青海、宁夏、新疆	辽宁、上海、江苏、安徽、山东、重庆、四川

就人力资本门槛而言，2006~2017 年，处于中门槛区间的省份最多，高

门槛区间次之，低门槛区间的省份最少。人力资本低门槛区间的省份从 2006 年的 19 个减少至 2017 年的 1 个；中门槛区间的省份从 2006 年的 8 个增至 2016 年的 16 个，高门槛区间的省份从 2006 年的 3 个增至 2017 年的 20 个，说明这一时期各地区的人力资本整体有了显著提高。具体来看，2006 年大多数省份处于人力资本低门槛区间，如河北、内蒙古、浙江等省份均在其中；处于人力资本中门槛区间的省份主要有山西、辽宁、吉林等；处于人力资本高门槛的省份主要有北京、天津、上海。到 2017 年，大多数省份处于人力资本高门槛地区。其中，处于低门槛的地区仅有贵州；处于中门槛的地区的省份主要有安徽、江西、河南等；处于高门槛的省份主要有北京、天津、河北等。

就人口老龄化门槛而言，2006~2017 年处于低门槛的省份最多，但处于高门槛的省份数量在逐渐增加。处于人口老龄化低门槛区间的省份从 2006 年的 29 个减少至 2017 年的 23 个，人口老龄化高门槛区间的省份则从 2006 年的 1 个增加至 2017 年的 7 个，说明我国人口老龄化程度在逐步加深。根据前文结论，随着人口老龄化程度的加深，人工智能对劳动收入份额的负向影响加剧，因此人口老龄化的影响不容忽视。2006 年，全国有 29 个省份处于低门槛区间，仅有贵州处于高门槛区间；2017 年，处于低门槛的省份主要有北京、天津、河北等，处于高门槛的省份主要有辽宁、上海、江苏等。

6.2.4 门限效应的稳健性检验

使用替换被解释变量、改变 Bootstrap 法的抽样次数、剔除极端值、逐步加入控制变量等方法，对验证人力资本和人口老龄化门限效应回归结果的稳健性，检验结果如表 6-12 和表 6-13 所示。其中，表 6-12 报告了不同稳健性方法下的门限个数、门限值和 95% 的置信区间，表 6-13 报告了不同稳健性方法下的门限回归结果。

表 6-12　门限效应的稳健性检验

变量	门槛值	（1）替换被解释变量		（2）改变抽样次数		（3）剔除极端值	
		估计值	95%置信区间	估计值	95%置信区间	估计值	95%置信区间
人力资本	第一门槛值	8.579	[8.425, 8.590]	8.579	[8.359, 8.590]	8.579	[8.568, 8.590]
	第二门槛值	9.984	[9.769, 9.985]	9.984	[9.797, 9.985]	9.984	[9.972, 9.985]
人口老龄化	第一门槛值	12.935	[12.551, 12.939]	12.935	[12.551, 12.939]	12.935	[12.550, 12.939]

表 6-13　门限回归结果的稳健性检验

变量	（1）替换被解释变量		（2）改变抽样次数		（3）剔除极端值	
	人力资本	人口老龄化	人力资本	人口老龄化	人力资本	人口老龄化
$Rob \times I \ (edu \leqslant \gamma_1)$	-5.439*** (0.952)		-6.065*** (1.077)		-5.639*** (1.068)	
$Rob \times I \ (\gamma_1 < edu \leqslant \gamma_2)$	-2.631*** (0.515)		-3.362*** (0.583)		-3.262*** (0.594)	
$Rob \times I \ (edu > \gamma_2)$	-1.340*** (0.404)		-1.816*** (0.457)		-1.892*** (0.502)	
$Rob \times I \ (old \leqslant \delta_1)$		-1.228*** (0.410)		-1.770*** (0.465)		-1.833*** (0.512)
$Rob \times I \ (old > \delta_1)$		-2.978*** (0.475)		-3.498*** (0.540)		-3.386*** (0.549)
$lngdp$	9.804*** (1.310)	7.706*** (1.213)	8.932*** (1.482)	6.635*** (1.377)	8.218*** (1.480)	6.069*** (1.397)
ope	-0.106*** (0.019)	-0.121*** (0.018)	-0.097*** (0.021)	-0.116*** (0.020)	-0.093*** (0.022)	-0.110*** (0.021)
ins	-0.101** (0.049)	-0.130*** (0.049)	-0.229*** (0.055)	-0.259*** (0.056)	-0.225*** (0.055)	-0.251*** (0.056)
gov	0.083 (0.076)	0.072 (0.076)	0.161* (0.086)	0.152* (0.087)	0.179** (0.088)	0.173** (0.088)
sta	0.065* (0.036)	0.082** (0.036)	0.023 (0.040)	0.039 (0.040)	0.025 (0.040)	0.036 (0.041)
edu	-1.511*** (0.410)	-0.433 (0.348)	-1.516*** (0.464)	-0.386 (0.396)	-1.301** (0.467)	-0.269 (0.399)

续表

变量	(1) 替换被解释变量		(2) 改变抽样次数		(3) 剔除极端值	
	人力资本	人口老龄化	人力资本	人口老龄化	人力资本	人口老龄化
lp	-0.107 (0.125)	-0.206* (0.123)	-0.203 (0.142)	-0.303** (0.140)	-0.257* (0.145)	-0.341** (0.143)
bur	0.133 (0.181)	0.097 (0.181)	-0.127 (0.205)	-0.164 (0.206)	-0.094 (0.210)	-0.155 (0.211)
fin	-0.580 (1.259)	-0.602 (1.260)	0.874 (1.425)	0.840 (1.430)	0.972 (1.465)	1.020 (1.468)
样本量	360	360	360	360	360	360
R^2	0.520	0.518	0.507	0.502	0.490	0.486

替换被解释变量。上述门限回归中，被解释变量劳动收入份额是采用要素法计算得到的。为避免劳动收入份额计算带来的估计结果偏差，在稳健性检验中，将使用 GDP 法计算劳动收入份额，GDP 法劳动收入份额计算过程未剔除生产税净额。就人力资本门限而言，从表6-12 第（1）列和表6-13 第（1）列可以看出，人力资本仍存在双重门限，门限值分别为 8.579、9.984，与要素法劳动收入份额下的门限值相同，人力资本的估计系数随门限值的提高仍呈递减趋势。这说明人工智能对劳动收入份额的负向影响过程中，的确存在人力资本门限特征，且该特征会削弱这一负向影响。对人口老龄化门限的分析与人力资本门限分析类似。由于人口老龄化的门限值和个数并未发生改变，当人口老龄化程度超过门限值后，人工智能估计系数的绝对值增大，进一步说明人工智能对劳动收入份额的抑制作用存在人口老龄化门限特征，且人口老龄化加剧了这种负向影响，说明研究结论具有稳健性。

基准门限效应回归分析使用的 Bootstrap 抽样次数为 300，为避免抽样次数带来的偏差，将 Bootstrap 的抽样次数调至 500，结果如表6-12 第（2）列和表6-13 第（2）列所示。可以看出，此时人力资本仍存在双重门限，门限值并未发生改变，人工智能的估计系数亦未发生改变；人口老龄化仍为单门限，门限值未发生改变，人工智能的估计系数值和显著性亦未发生改变。因此，人工智能对劳动收入份额的负向影响存在人力资本门限和人口老龄化门限，且人力资本会削弱这一负向影响，人口老龄化则会增强这一负向影响，研究结论稳健可靠。

为排除极端值对估计结果造成的偏差，再次使用缩尾的方法剔除极端值。所有变量以 1% 处的值替代 1% 以下的值，以 99% 处的值代替 99% 以上的值，此方法不改变样本的数量，在样本数量不大的情形下具有较强的适应性。剔除极端值的稳健性检验如表 6-12 第（3）列和表 6-13 第（3）列所示。可以看出，人力资本和人口老龄化的门限数值与个数均与基准门限检验结果相同，人工智能的估计系数与基准门限回归的结果略有差异，因此基准门限检验和门限回归结果具有稳健性。

逐步加入部分控制变量，观察人力资本和人口老龄化门限的个数与数值是否发生改变，人工智能的估计系数是否发生显著改变（篇幅所限，未列出该检验结果）。结果表明，人力资本门限和人口老龄化门限的个数和数值均未发生改变，人工智能的估计系数未发生大的改变，系数的变化趋势与基准门限检验和门限回归系数的变化趋势一致，即认为人工智能对劳动收入份额抑制作用存在人力资本门限和人口老龄化的门限特征，其中人力资本能减轻负向影响，人口老龄化则会加剧这种负向影响，结论较为稳健。

6.3　本章小结

人工智能对社会中的生产生活方式产生深刻影响，智能化将是未来经济的发展趋势。鉴于现有有关人工智能的研究忽略潜在的空间因素和我国人口结构转型的现实背景，本章分别从人工智能技术空间扩散的视角和人口结构转型视角出发，以 2006~2017 年 30 个省份（港澳台和西藏除外）为样本进行实证检验。

就技术扩散视角而言，通过构建静态和动态空间杜宾模型，在考虑空间联动的基础上探究人工智能对劳动收入份额的影响，并将其分解为短期和长期的直接效应、间接效应（空间溢出效应）和总效应，同时采用替换空间权重矩阵、替换被解释变量、剔除极端值等方法进行稳健性检验，最终得出如下主要结论：①人工智能和劳动收入份额均存在显著的正向空间相关性，地区之间存在的空间联动因素不能忽略；②人工智能对劳动收入份额负向空间溢出效应明显，这意味着人工智能在降低本地区的劳动收入份额的同时，还会降低邻近地区的劳动收入份额；③人工智能对劳动收入份额的影响以短期效应为主，长期效应尚未显现。

就人口结构转型视角而言，以人力资本和人口老龄化为门限变量构建面板门限模型，考察人工智能对劳动收入份额的门限效应，并使用多种方法进行稳健性检验，得出如下结论：①人工智能对劳动收入份额的影响存在人力资本双重门限特征，即随着人力资本水平的提高，依次越过两个门槛值，人工智能对劳动收入份额的负向影响减弱；②人工智能对劳动收入份额的影响存在人口老龄化的单门限特征，即随着人口老龄化程度加深越过门槛值，人工智能对劳动收入份额的负向影响增强。在替换被解释变量、改变抽样次数、剔除极端值等进行稳健性检验后，上述结论依然成立。

第7章 人工智能影响劳动收入份额的传导机制检验

本章聚焦于人工智能和劳动收入份额，从劳动力议价能力和产业结构升级双重视角，探究人工智能影响劳动收入份额的传导机制。厘清人工智能对劳动收入份额的影响及其传导机制，防范潜在的收入不平等问题，有利于人工智能应用健康持续地推进，让劳动者更好地受益于人工智能的发展，推动共同富裕的实现。

7.1 文献回顾与评述

为了更加深刻地认识人工智能影响劳动收入份额的传导机制——劳动力议价能力和产业结构升级，本节整理了密切相关的四类文献：影响劳动力议价能力的因素、人工智能与产业结构、劳动力议价能力与劳动收入份额以及产业结构与劳动收入份额，并对既有文献进行简要评述。

7.1.1 影响劳动力议价能力的因素

劳动力议价能力：在有关工资的谈判中，博弈双方分别为企业和劳动者，劳动力掌握谈判主动权的能力。简言之，劳动力议价能力是指劳动力在决定工资水平中的力量或者话语权。

影响劳动力议价能力的因素可以归结为制度因素、对外贸易、资本市场因素、劳动力供求等。①制度因素包括劳动力的市场结构、劳动者的选择、第三方力量、历史工资水平（任太增，2010）。劳动力市场的买方垄断使分散的劳动力在谈判信息、谈判技巧等方面处于劣势，降低劳动力的议价能力；劳动者的选择指的是劳动力选择劳动与否的权利、更换工作的权力，劳动者的选择权依赖于完善的社会保障制度，社会保障制度关乎劳动力的"去商品化程度"（孟捷和李怡乐，2013；李怡乐和罗远航，2014），完善的保障制度是劳动力与资方进行谈判的物质保障，增强劳动力在市场外的生存能力，提高了劳动者的议价能力；第三方力量主要是来自政府和工会组织，第三方力量的资方偏向，将会弱化劳动力的议价能力；工资水平的形成对历史的工资水平存在路径依赖，较低的历史工资水平对劳动力议价能力提升构成阻碍。②对外贸易对劳动力议价能力影响从"引进来"和"走出去"两方面展开论述。从"引进来"角度而言，政府为了引进外资提供优厚的条件不利于劳动力议价能力的提升（唐东波，2011），但是外资企业的进入对劳动力议价能力存在正向作用（Abraham et al.，2009；盛丹，2013）。从"走出去"的角度而言，出口贸易有助于劳动者议价能力的提升（盛丹和陆毅，2016），更加稳定的贸易政策同样对劳动力议价能力存在正向影响（谢申祥等，2019）。③资本市场因素包括资本深化和融资约束。就资本深化而言，资本深化促使企业会进一步增加低廉资本的使用，从而减少劳动力的使用，降低劳动力的议价能力（黄先海和徐圣，2009）。就融资约束而言，存在融资约束的企业倾向于降低劳动力的议价能力，但是缺乏现实证据（罗长远和陈琳，2012）。与实际更加符合的情况是由于工资刚性的存在，即使企业存在融资约束也不会通过降低劳动者的工资弥补资金（Lebow et al.，2003）。④劳动力供求的变化主要来自农村剩余劳动力向城市的流动以及人口结构。随着农业劳动生产率的提高和城镇化的发展，大量农村剩余劳动力涌进城市，壮大劳动力市场规模，但是难以形成集体行动机制，组织松散、价格低廉的临时工削弱了劳动力的议价能力（黄俊立和黄玖立，2016）；人口老龄化程度的加深，减少劳动力的供给，有限的劳动力供给使得劳动力在工资谈判中的优势凸显，从而增加了劳动力的议价能力。此外，企业的在岗培训，劳动者维权意识的增强均有利于劳动议价能力的提升（张志强，2018；蔡伟贤等，2021）。劳动力的议价能力还存在异质性，国有企业、城镇户籍、工会身份的劳动力具有更强的劳动力议价能力（何剑等，2021）。

7.1.2　人工智能与产业结构

人工智能成为新科技革命的核心驱动力，促使生产方式向智能化转变，为地区的产业结构转型升级提供了契机。学者们对人工智能的产业结构效应进行了有益探索，现有文献主要从整体产业结构变迁和细分的产业结构变化两个角度展开论证。①整体产业结构变迁。人工智能和传统生产方式在不同产业部门的转化，对产业结构升级产生影响（Aghion et al.，2017）。产业结构变迁的内涵分为产业结构高级化和产业结构合理化：产业结构高级化就三次产业增加值的占比而言，由以第一产业为主向以第二产业、第三产业为主转变；产业结构合理化指的是产业间的联系加强，使得资源在产业间得到合理配置，产业效率得以提升。在理论分析层面，李越（2021）从马克思主义政治经济学视角进行理论分析：智能化生产方式形成新的生产力和生产关系，在生产力方面，体现为参与生产从而提升产业效率，引发资本和劳动在产业间的流动改造传统产业和形成新的产业部门；在生产关系方面，智能化生产资料促使组织内部平台化节约非生产性时间，生产组织之间、生产组织与消费者之间的高效协作优化了社会必要劳动时间的分配，促进产业结构的升级。丁守海和徐政（2021）认为，数字经济对产业结构的影响表现在四方面，分别是互联网、大数据、人工智能技术的应用改造传统产业内部；数字经济便利了个人和企业信息的获取，促进产业的融合；数字经济可以提高创新水平，促进产业结构升级；数字经济通过改变消费需求和投资需求，促进产业结构升级和新业态的产生。在实证分析层面，韦东明等（2021）通过经验分析得出，人工智能通过生产率效应和岗位创造效应促进产业结构的高级化和合理化；刘军和陈嘉钦（2021）则认为，智能化促进产业结构高级化和合理化的机制不同，智能化通过人力资本效应和产生新业态促使产业结构高级化，通过资源合理配置和技术融合促进产业结构合理化。②细分行业的结构变化。就农业而言，人工智能技术促进农业与第二产业、第三产业的产业融合，延长农业产业链，拓展农产品的价值链，实现农业的产业升级（汝刚等，2020）；相反，周晓时等（2021）则认为，人工智能并未对我国农业增加值占 GDP 的比重度量的产业结构产生显著影响，主要原因在于人工智能技术在农业中的应用受限所致。就服务业而言，王文等（2020）从产业关联和就业视角在理论上分析了工业机器人冲击对服务业结构变动的影响，将服务业分成生产性服务业和生活性服务业（高端服务业和非高端服务业），工业机器人的使用增加生产性服务业和高端服务业的需求，创造高技能的工作岗位推动服务业结构升级，但是被工业机器人挤出的低技能劳动力流向传统的生活性服务业和非高端服务业，不利于服务业的结构升级，通过实证检验发现，工业机器人通过增加生产性服务业的需求和创造就业岗位促进了服务业结构升级。就劳动密集型产业而言，许清清等（2020）认为，智能制造改变劳动结构和资本结构促进劳动密集型产业向资本密集型和技术密集型产业转移，智能制造打破了劳动密集型产业的路径依赖。此外，赵放和刘雨佳（2020）着眼于产业分化，将产业分化定义为新业态脱离原来的产业，认为人工智能促进了第一产业的产业分化，抑制了第二产业的产业分化，对第三产业的产业分化的影响并不显著。

7.1.3 劳动议价能力与劳动收入份额

劳动力的议价能力直接影响劳动力能够消费的产品范围，即劳动力的议价能力直接影响劳动力在全部新增产值中的分配比例。劳动力的议价能力与劳动收入份额呈正相关关系（柏培文和杨志才，2019）。与劳动力相比，资本具有较强的流动性，致使劳动力议价能力较弱，进而降低劳动收入份额。劳动力议价能力是劳动收入份额长期低于基准劳动收入份额的重要原因（王展祥和龚广祥，2017），可以解释劳动收入份额下降的大部分原因。劳动力议价能力通过以下两种机制影响劳动收入份额：劳动力议价能力通过影响工资水平，最终影响劳动收入份额（柏培文和杨志才，2019）；劳动力议价能力决定技术进步的方向，从而对劳动收入份额产生影响（Acemoglu，2001）。此外，劳动力议价能力对劳动收入份额的影响存在长短期的差别：在短期，较弱的劳动力议价能力降低了劳动收入份额；但在长期，较弱的议价能力扩大了厂商的规模，增加对劳动力的需求，有助于工资的提高，反而会提高劳动收入份额（Blanchard and Giavazzi，2003）。

7.1.4　产业结构与劳动收入份额

现有研究对劳动收入份额的影响因素进行了有益探索。其中，产业结构是影响劳动收入份额的重要因素之一（王林辉和袁礼，2018），主要从以下两个层面进行了探究。第一，第三次产业层面。根据以往经验研究，第一产业的劳动收入份额通常最高，第三产业次之，第二产业的劳动收入份额则为最低。伴随着我国农业劳动生产率的提高，第一产业带来大量的剩余劳动力，第二产业则具有较高的要素产出弹性，可以选择使用廉价的劳动力要素，剩余劳动力向第二产业转移，产业结构转变为以第二产业为主。由于第二产业的劳动收入份额为最低，因此整体的劳动收入份额随之降低。当大量劳动力流向第三产业时，产业结构由第二产业为主转为以第三产业为主，劳动收入份额也会随之提高。即第一产业、第三产业就业或产值占比对劳动收入份额产生正向影响，第二产业的就业或产值占比的提高则导致劳动收入份额的降低（龚敏和辛明辉，2017；刘亚琳等，2018；彭定赟和郑子皓，2020；陈勇和柏喆，2020）。相反，马国旺和李焙尧（2020）则认为，现阶段第三产业存在大量的垄断部门和低附加值部门，劳动者的利润被行业侵蚀，第三产业的发展反而会降低劳动收入份额；方文全（2011）认为，第一产业和第三产业对劳动收入份额的正向影响与第二产业的负向影响相互抵消，最终得出产业结构变迁对劳动收入份额的影响并不显著的结论。第二，产业内效应和产业间效应（结构效应）层面。产业内效应和产业间效应是影响劳动收入份额变化的主要因素（范从来和张中锦，2012），产业内效应指的是各产业内部劳动收入份额变化，产业间效应则为各产业增加值份额的变化（龚敏和辛明辉，2017）。王晓霞和白重恩（2014）认为与欧美国家劳动收入份额由行业劳动收入份额下降的解释不同，中国劳动收入份额下降大多由产业结构变迁所解释。然而，李荣坦（2015）则认为农业部门和非农业部门内部劳动收入份额的下降才是引起整体劳动收入份额下降的主要原因，并非是产业结构由农业部门向非农业部门的转型。综上可知，现有文献从两个层面出发论证了产业结构对劳动收入份额的影响，产业结构变迁是劳动收入份额下降的主要原因这一观点得到大多数学者的支持，为后续的研究奠定了丰富的文献基础。

7.1.5 文献述评

现有文献为本书奠定了坚实的基础，认识到人工智能对收入、产业结构的影响。然而，现有研究大多以人工智能对劳动收入份额的直接效应为主，鲜有关人工智能影响劳动收入份额的传导机制的研究，且缺乏实证方面的检验，更是缺乏人工智能对劳动力议价能力影响的研究。基于此，本章从产业结构升级视角出发，考察产业结构高级化和产业结构合理化在人工智能影响劳动收入份额过程中发挥的作用；从劳资关系视角出发，考察劳动力议价能力在人工智能影响劳动收入份额过程中的作用。综上所述，本书从产业结构升级和劳资关系双重视角，借助中介效应模型，探究人工智能影响劳动收入份额的传导机制。

7.2 中介效应模型构建

本书根据温忠麟等（2014）的方法对人工智能影响劳动收入份额的劳动力议

价能力机制和产业结构变迁机制进行检验。构建了如下中介效应计量模型：

$$Labs_{it} = \alpha Rob_{it} + \sum_{m=1}^{m=n} \beta^m Z_{it}^m + \gamma^i I_t + \gamma^t T_i + \varepsilon_{it} \tag{7-1}$$

$$Med_{it} = \lambda_1 Rob_{it} + \sum_{m=1}^{m=n} \lambda^m Z_{it}^m + \gamma^i I_t + \gamma^t T_i + \varepsilon_{it} \tag{7-2}$$

$$Labs_{it} = \alpha_1 Rob_{it} + \theta Med_{it} + \sum_{m=1}^{m=n} \beta^m Z_{it}^m + \gamma^i I_t + \gamma^t T_i + \varepsilon_{it} \tag{7-3}$$

式中，$Labs_{it}$ 表示 i 地区在第 t 时期的劳动收入份额；Rob_{it} 表示 i 地区第 t 时期的人工智能水平，是本书的核心解释变量；Med_{it} 指的是中介变量，表示劳动力议价能力和产业结构变迁；Z_{it}^m 表示为所有控制变量的合集，指的是 i 地区在第 t 时期的控制变量；I_t 表示地区虚拟变量；T_i 表示时间虚拟变量，目的是控制地区异质性和时间异质性；α、β^m、γ^i、γ^t 对应解释变量的系数。在这里我们重点关注的是核心解释变量人工智能水平 Rob_{it} 的系数 α。

中介效应检验的程序包括：第一，在未加入中介变量的情形下，考察人工智能对劳动收入份额的影响是否显著，若显著则继续，否则停止。第二，依次检验人工智能对中介变量劳动力议价能力和产业结构变迁影响的显著性，中介变量对劳动收入份额的显著性，如果均显著表明存在中介效应；如果至少一个不显著，则进行下一步检验。第三，进行 Sobel 检验或者 Bootstrap 检验，如果显著则说明存在中介效应或遮掩效应。

7.3　变量选取和数据来源说明

被解释变量、核心解释变量以及控制变量前文已经做过介绍，这里不再赘述。中介变量劳动力议价能力和产业结构变迁的衡量指标如下所述：

劳动力议价能力的度量。通过对现有文献的分析比较发现，大多研究都从模型出发衡量劳动力的议价能力，主要有双边随机前沿分析模型（莫旋等，2017；刘章发和田贵贤，2017；王展祥和龚广祥，2017；徐雷等，2017）、讨价还价模型（谢申祥等，2019）、动态随机一般均衡模型（陈利锋，2020）。此外，盛丹和陆毅（2016，2017）借鉴 De Loecker 和 Warzynski（2012）的方法测算了企业层面的劳动力议价能力；张志强（2020）借助 Ahsan 和 Mitra（2014）的研究测算了劳动力的工资议价能力；蔡伟贤等（2021）使用工会参与率衡量了省级层面的劳动者议价能力，使用财务报表附注中"应付职工薪酬"栏目下"工会经费和职工教育经费"除以员工数量并取对数来衡量公司层面的劳动者议价能力；柏培文和杨志才（2019）则分别从劳动力供求关系、劳动力属性、闲暇效用和劳动力制度保护四个维度衡量劳动力的议价能力。考虑到省级层面数据的可获得性，本书借鉴柏培文和杨志才（2019）的方法，使用城镇失业率、人力资本水平、恩格尔系数以及工会参与率衡量劳动议价能力四个方面，通过主成分分析法最终得出劳动力议价能力的数据。以上数据来源于《中国统计年鉴》、《中国劳动统计年鉴》、各省份统计年鉴。

产业结构的度量。衡量产业结构的指标分为相关比值法和指数测度。第一，相关比值包括增加值的占比、就业人数占比。产业增加值又可细分为各产业增加值占 GDP 的比重（吴振华，2015；彭定赟和郑子皓，2020）、工业产值与服务业产值的比值（赵秋运和林志帆，2016）、高技术企业增加值占全行业的比重；就业人数占比即为各产业就业人数占总的就业人数的比例（刘亚琳等，2018）。第二，产业结构高级化和合理化指数。产业结构高级化指数反映第一二三产业的演化，产业合理化指数反映三次产业间资源的合理化配置。韦东明等（2021）使用产业结构高级化指数和产业结构合理化指数探究人工智能对产业结构升级的作用。相关比值法简便且易于计算得到了广泛应用。第二种方法则可以反映产业结构的质量层面变化。本书从产业结构变迁的量和质两方面度量产业结构变迁，分别使用产业结构高级化指数、产业结构合理化指数衡量，具体指标的计算方法如下所述。

本书借鉴张勇和蒲勇健（2015）方法，使用改进的 Moore 指数衡量产业结构高级化，Moore 指数的值越大，产业结构高级化程度越高。相比于其他指标，该指标更好地反映动态性和系统性，体现出跨期演进的方向和幅度。产业结构高级化的计算公式如下：首先，使用如下公式计算 i 地区第 j 产业向 $t+1$ 期变迁的程度：

$$moore_{i,t+1}^{i,j} =$$

$$\sqrt{\left[\frac{\sum\limits_{k \neq j}(p_{i,t}^{k})^2 + p_{i,t}^{j} \times p_{i,t+1}^{j}}{\sum\limits_{k=1}^{m}(p_{i,t}^{k})^2 \times \left[\sum\limits_{k \neq j}(p_{i,t}^{k})^2 + (p_{i,t+1}^{k})^2\right]}\right] \times \left[\frac{\sum\limits_{k \neq j}(p_{i,t+1}^{k})^2 + p_{i,t}^{j} \times p_{i,t+1}^{j}}{\sum\limits_{k=1}^{m}(p_{i,t+1}^{k})^2 \times \left[\sum\limits_{k \neq j}(p_{i,t+1}^{k})^2 + (p_{i,t}^{k})^2\right]}\right]}$$

$$(7-4)$$

其次，对 i 地区 m 个产业由第 t 期向 $t+1$ 期变迁的程度值予以加权求和，每个产业对应的权重为该产业的级别 j 与该产业在 t 期占该地区 GDP 比重 $p_{i,t}^{j}$ 的乘积，因而 i 地区第 t 期与第 $t+1$ 期两期之间的产业结构变迁程度值 $moore_{i,t+1}^{i}$ 由下式予以测算：

$$moore_{i,t+1}^{i} = \sum_{j=1}^{m}\left[j \times p_{i,t}^{j} \times moore_{i,t+1}^{i,j}\right] \qquad (7-5)$$

最后，产业结构合理化指数借鉴干春晖等（2011）的方法，使用泰尔指数刻画。与传统的结构偏离度指标相比，泰尔指数保留了产业结构偏离度的理论基础和经济含义，考虑了产业的相对重要性，并且避免了绝对值的计算，是反映产业结构合理化的更好指标。具体的计算公式如下：

$$insh = \sum_{j=1}^{3}\left(\frac{Y_j}{Y}\right)\ln\left(\frac{Y_j}{L_j}\Big/\frac{Y}{L}\right), \ j=1, \ 2, \ 3 \qquad (7-6)$$

其中，$insh$ 表示产业结构合理化指数，Y_j 表示 j 产业的增加值，Y 表示名义 GDP，L_j 表示 j 产业的就业人数，L 表示总的就业人数。需要说明的是泰尔指数属于逆指标，$insh$ 的值越低表明产业结构的合理化程度越高。

7.4 实证结果分析

7.4.1 劳动力议价能力传导机制检验

首先对劳动力议价能力机制进行检验，中介变量为劳动力议价能力（lyj），劳动力议价能力的机制检验结果如表7-1所示。在步骤1中，劳动收入份额对人工智能的回归系数显著为负（-1.175），表明人工智能的应用的确降低了劳动收入份额；在步骤2中，劳动力议价能力对人工智能的回归系数显著为正（0.095），说明人工智能的应用显著提升了劳动力的议价能力；在步骤3中，加入中介变量劳动力议价能力后，劳动收入份额对人工智能的回归系数显著为负（-1.465），劳动力议价能力的系数显著为正（3.064）。此外，Sobel 检验的系数显著，Bootstrap 检验结果表明间接效应的区间不包含0。从劳动力议价能力机制看，人工智能对劳动力议价能力产生显著的正向影响，劳动力议价能力又可以显著促进劳动收入份额的提升，因此二者的系数乘积为正值，即劳动力议价能力为中介变量的间接效应为正值，系数为0.290，意味着人工智能通过提高劳动力议价能力抑制劳动收入份额的下降。直接效应的系数为-1.465，直接效应的符号与间接效应相反，表明变量间存在"遮掩效应"，即尽管总效应为负，但是正的间接效应遮掩了部分负的直接效应，导致总效应系数较直接效应有所下降（从-1.465下降至-1.175），说明人工智能通过提高议价能力抑制了劳动收入份额的下降。综上可得，劳动力议价能力在人工智能影响劳动收入份额的过程中发挥遮掩作用，假说4b 得以证实。

表 7-1　劳动力议价能力传导机制检验结果

变量	labs（步骤 1）	lyj（步骤 2）	labs（步骤 3）
Rob	-1. 175**	0. 095***	-1. 465***
	(0. 471)	(0. 031)	(0. 468)
lyj			3. 064***
			(0. 805)
lngdp	0. 645	0. 395***	-1. 147
	(0. 965)	(0. 063)	(0. 999)
ope	-0. 035***	-0. 002**	-0. 030***
	(0. 010)	(0. 001)	(0. 010)
gov	0. 300***	-0. 005*	0. 316***
	(0. 046)	(0. 003)	(0. 045)
sta	-0. 119*	0. 001	-0. 123***
	(0. 034)	(0. 002)	(0. 033)
ins	-0. 307***	0. 002	-0. 313***
	(0. 037)	(0. 002)	(0. 037)
lp	-0. 504***	0. 038***	-0. 620***
	(0. 107)	(0. 007)	(0. 110)
bur	-0. 333**	0. 042***	-0. 462***
	(0. 129)	(0. 008)	(0. 132)
fin	-0. 271*	0. 240***	-1. 007
	(1. 255)	(0. 082)	(1. 247)
样本量	360	360	360
R^2	0. 532	0. 736	0. 550
Sobel 检验	0. 290**		
	(0. 121)		
Bootstrap 检验（BCa）	[0. 131, 0. 559]		
间接效应 ab	0. 290**		
直接效应 c'	-1. 465***		
总效应 c	-1. 175**		
|ab/c'|	0. 198		

注：***、**、*分别表示在1%、5%、10%水平上显著，括号的值为标准差。下同。

7.4.2 产业结构高级化传导机制检验

产业结构高级化中介机制的检验结果如表 7-2 所示。从中可以直观地看出，步骤 1 中，人工智能的系数显著为负（-1.231），表明人工智能显著降低劳动收入份额；步骤 2 中，人工智能的系数显著为正（0.045），说明人工智能显著提高产业结构高级化的程度；步骤 3 中，人工智能的系数显著为负（-1.884），产业结构高级化的系数显著为正（14.409），意味着产业结构高级化提高了劳动收入份额。Sobel 检验的系数显著，且 Bootstrap 检验结果显示间接效应的置信区间不包括 0。人工智能显著提升了产业结构高级化程度，产业结构高级化又促进劳动收入份额的提升，产业结构高级化作为中介变量的间接效应为正（0.653），意味着人工智能通过促进产业结构高级化显著抑制劳动收入份额的下降。直接效应的系数为-1.884，总效应的系数为-1.231，间接效应的系数与直接效应相反，意味着存在遮掩效应，即正的间接效应遮掩了部分负的直接效应，从而总效应的系数（-1.231）低于直接效应的系数（-1.884），说明人工智能通过提高产业结构高级化抑制劳动收入份额的下降。综上可得，产业结构高级化在人工智能降低劳动收入份额的过程中发挥遮掩作用，假说 5b 得以证实。

表 7-2　产业结构高级化传导机制检验结果

变量	labs（步骤 1）	insg（步骤 2）	labs（步骤 3）
Rob	-1.231 **	0.045 ***	-1.884 ***
	(0.503)	(0.010)	(0.5141)
insg			14.409 ***
			(2.711)
lngdp	-0.941	-0.003	-0.979
	(1.067)	(0.020)	(1.028)
ope	-0.037 ***	0.001 **	-0.044 ***
	(0.011)	(0.000)	(0.010)
gov	0.237 ***	-0.001	0.243 ***
	(0.048)	(0.001)	(0.046)

续表

变量	labs（步骤1）	insg（步骤2）	labs（步骤3）
sta	−0.059* （0.035）	0.002*** （0.001）	−0.085** （0.034）
edu	1.591*** （0.371）	−0.033*** （0.007）	2.062*** （0.368）
lp	−0.774*** （0.371）	−0.003 （0.002）	−0.724*** （0.115）
bur	−0.195 （0.142）	−0.001* （0.002）	−0.265* （0.137）
fin	3.404** （1.259）	0.085*** （0.024）	2.185* （1.235）
样本量	360	360	360
R²	0.469	0.242	0.509
Sobel 检验	0.653*** （0.185）		
Bootstrap 检验（BCa）	[0.368，1.061]		
间接效应 ab	0.653***		
直接效应 c'	−1.884***		
总效应 c	−1.231**		
｜ab/c'｜	0.347		

7.4.3 产业结构合理化传导机制检验

产业结构高级化的机制分析结果如表 7-3 所示。可以发现：步骤 1 中，人工智能的系数显著为负（−1.231），表明人工智能的应用显著降低了劳动收入份额；步骤 2 中，人工智能的系数显著为正（0.040），说明人工智能应用提高了泰尔指数，泰尔指数越大产业结构越不合理，即人工智能的应用降低了产业结构合理化程度；步骤 3 中，产业结构合理化的系数显著为负（−6.818），说明泰尔指数越大，劳动收入份额越低，即产业结构合理化程度下降显著降低了劳动收入份额；人工智能的系数显著为负（−0.956），其绝对值小于步骤 1 人工智能的系数

（-1.231）。通过 Sobel 检验和 Bootstrap 检验发现产业结构合理化程度的中介效应显著。人工智能降低产业结构的合理化程度，产业结构合理化程度却促进劳动收入份额的提高，即间接效应为负（-0.276），与直接效应系数（-0.956）的符号相同，表明人工智能通过降低产业结构的合理化程度，从而降低劳动收入份额，产业结构合理化作为中介变量的间接效应显著，间接效应约为22.40%。综上可得，产业结构合理化程度在人工智能降低劳动收入份额的过程中发挥部分中介作用，假说6a得以证实。

表7-3　产业结构合理化传导机制检验结果

变量	labs（步骤1）	insh（步骤2）	labs（步骤3）
Rob	-1.231**	0.040***	-0.956**
	(0.503)	(0.010)	(0.510)
insh			-6.818***
			(2.610)
lngdp	-0.941	-0.121***	-1.767
	(1.067)	(0.022)	(1.104)
ope	-0.037***	-0.001	-0.040***
	(0.011)	(0.000)	(0.011)
gov	0.237***	0.003***	0.257***
	(0.048)	(0.001)	(0.048)
sta	-0.059*	0.001*	-0.050
	(0.035)	(0.001)	(0.035)
edu	1.591***	-0.034***	1.358***
	(0.371)	(0.008)	(0.379)
lp	-0.774***	0.005**	-0.740***
	(0.119)	(0.002)	(0.119)
bur	-0.195	0.018***	-0.070
	(0.142)	(0.003)	(0.149)
fin	3.404***	-0.112***	2.638**
	(1.260)	(0.026)	(1.283)
样本量	360	360	360
R^2	0.469	0.591	0.479

续表

变量	*labs*（步骤 1）	*insh*（步骤 2）	*labs*（步骤 3）
Sobel 检验		-0.276^{**} (0.126)	
Bootstrap 检验（BCa）		$[-0.591, -0.083]$	
间接效应 ab		-0.276^{**}	
直接效应 c'		-0.956^{*}	
总效应 c		-1.231^{**}	
中介效应占比 ab/c		0.224	

7.5　稳健性检验

本书使用以下方法对传导机制进行稳健性检验：①减少部分控制变量。在中介效应的回归中，发现税负水平和金融发展水平多数不显著，因此试图去掉这两个控制变量重新验证传导机制。②缩尾处理。为避免离群数据和样本量的损失，使用前后 1% 缩尾处理后的变量进行稳健性检验。③改变样本区间。考虑到 2006 年和 2007 年劳动收入份额剧烈的变动，仅选取 2007 年以后的样本进行回归。稳健性检验的结果如表 7-4 所示，第（1）~ 第（3）列分别为减少控制变量、缩尾处理、改变样本区间情况下劳动力议价能力、产业结构高级化、产业结构合理化的回归结果。稳健性检验的结果与基准中介效应检验的结果的符号相同，仅在显著性、系数大小存在略微差别，因此可以证实传导机制所得结论具有稳健性。

表 7-4　中介效应稳健性检验结果

变量	劳动力议价能力		
	（1）减少控制变量	（2）缩尾处理	（3）改变样本区间
间接效应 ab	0.172^{*} (0.093)	0.347^{**} (0.135)	0.087^{***} (0.032)

续表

变量	劳动力议价能力		
	（1）减少控制变量	（2）缩尾处理	（3）改变样本区间
直接效应 c'	-1.241***	-1.680***	-1.389***
	（0.473）	（0.491）	（0.450）
总效应 c	-1.069**	-1.333***	-1.073**
	（0.472）	（0.494）	（0.458）
遮掩效应｜ab/c'｜	0.138	0.207	0.228
Sobel 检验	0.172*	0.347**	0.317**
	（0.093）	（0.135）	（0.136）
	产业结构高级化		
	（1）减少控制变量	（2）缩尾处理	（3）改变样本区间
间接效应 ab	0.639***	0.706***	0.536***
	（0.184）	（0.196）	（0.174）
直接效应 c'	-1.781***	-2.117***	-1.671***
	（0.497）	（0.523）	（0.494）
总效应 c	-1.142**	-1.411***	-1.135**
	（0.504）	（0.526）	（0.494）
遮掩效应｜ab/c'｜	0.359	0.334	0.321
Sobel 检验	0.639***	0.706***	0.536***
	（0.184）	（0.196）	（0.174）
	产业结构合理化		
	（1）减少控制变量	（2）缩尾处理	（3）改变样本区间
间接效应 ab	-0.254**	-0.278**	-0.197*
	（0.116）	（0.131）	（0.116）
直接效应 c'	-0.889*	-1.132**	-0.938*
	（0.504）	（0.534）	（0.502）
总效应 c	-1.142**	-1.411***	-1.135**
	（0.504）	（0.526）	（0.494）
中介效应占比 ab/c	0.222	0.197	0.174
Sobel 检验	-0.254**	-0.278**	-0.197*
	（0.116）	（0.131）	（0.116）

7.6 本章小结

本书使用2006~2017年的省级面板数据，在理论分析的基础上，选取劳动力议价能力、产业结构高级化和产业结构合理化作为中介变量，通过构建中介效应模型，实证检验人工智能影响劳动收入份额的传导机制。研究发现：①人工智能显著降低了劳动收入份额；②人工智能应用提高了劳动力议价能力，但劳动力议价能力却有利于劳动收入份额的提高，即劳动力议价能力在人工智能降低劳动收入份额的过程中起遮掩作用，缓解人工智能带来的劳动收入份额下降；③人工智能提高了产业结构高级化程度，而产业结构高级化有助于劳动收入份额的提高，即产业结构高级化在人工智能降低劳动收入份额过程中具有遮掩效应，同样有助于缓解人工智能引致的劳动收入份额下降；④人工智能对产业结构合理化产生不利影响，而产业结构合理化有助于提高劳动收入份额，即人工智能通过产业结构合理化降低劳动收入份额。

第8章 结论与政策建议

本章对全书研究内容进行总结，具体包括以下三部分：①总结研究结论；②基于研究结论，结合国际实践经验，提出相应的政策建议；③总结本书可能存在的不足、提出进一步研究的方向。

8.1 结论

以人工智能技术为代表的新一轮科技革命引发全社会的数字化、智能化转型，对收入分配领域造成了巨大冲击。劳动收入份额作为初次分配的重要内容，对于经济高质量发展、扎实推动共同富裕具有重要意义。鉴于人工智能物化技术进步特征，本书探究了人工智能对劳动收入份额的影响。具体而言，在收集、学习、梳理国内外相关文献的基础上，从理论层面上论述了人工智能对劳动收入份额的影响，使用统计方法总结人工智能和劳动收入份额的特征。在实证检验方面，本书主要使用固定效应模型、分位数模型考察了人工智能对劳动收入份额的总效应，使用动态空间杜宾模型探寻人工智能对劳动收入份额的空间溢出效应，使用面板门槛模型检验了人口结构转变在人工智能影响劳动收入份额过程中所起的作用，使用中介效应模型分析了人工智能影响劳动收入份额的传导机制。

人工智能和劳动收入份额的时空演变特征。人工智能应用在 2006～2018 年呈逐年上升的趋势，尤其在 2015 年之后飞速发展。就区域而言，人工智能应用水平在东部地区最高，中部地区次之，西部地区最低。就行业而言，人工智能应用水平最高的行业为汽车制造业。劳动收入份额在 1978～2017 年是非稳定的，总体呈下降趋势，且存在阶段性特征。就区域层面而言，劳动收入份额在西部地区最高、中部地区次之，东部地区最低，地区间的劳动收入份额存在趋同的趋势。通过拟合线和相关系数初步判定人工智能与劳动收入份额呈负相关关系。

人工智能的应用对劳动收入份额影响的总效应。人工智能的应用导致劳动收入份额的降低。地区异质性分析表明，人工智能应用对劳动收入份额影响在西部地区最大，中部地区次之，对东部地区的影响最小；在经济发展水平较高、劳动保护程度较高、劳动力丰裕程度较高的地区，人工智能对劳动收入份额的抑制作用较小，反之则较大。从劳动收入份额水平分解角度来看，随着劳动收入份额的提高，人工智能对劳动收入份额的负向影响呈减小的趋势；人工智能对劳动收入份额的这种边际抑制效应在西部地区和中部地区显著，在东部地区和东北地区并不明显。

人工智能对劳动收入份额影响的空间溢出效应。人工智能应用和劳动收入份额均存在显著的正向空间相关性，呈现高—高集聚和低—低集聚的特征，其中，人工智能技术空间扩散效应是重要因素需要予以考虑。人工智能对劳动收入份额具有明显的负向溢出效应，即人工智能不仅造成本地劳动收入份额的降低，还导致邻近地区劳动收入份额的降低。此外，人工智能对劳动收入份额的空间溢出效应主要以短期效应为主，其长期效应不明显。

人工智能对劳动收入份额影响的门限效应。人工智能对劳动收入份额的影响存在人力资本双重门限特征，人口老龄化单门限特征。具体而言，人力资本减弱了人工智能对劳动收入份额的负向影响，随着人力资本水平依次越过两个门槛，人工智能对劳动收入份额的负向影响逐渐降低；然而，人口老龄化加剧了人工智能对劳动收入份额的负向影响，即随着人口老龄化程度的加深越过门槛，人工智能对劳动收入份额的负向影响逐渐增强。

人工智能对劳动收入份额影响的传导机制。人工智能通过劳动力议价能力和产业结构升级影响劳动收入份额。就劳动力议价能力而言，人工智能应用会提高劳动力议价能力，劳动力议价能力的提高有利于劳动收入份额的提高，即劳动力议价能力在人工智能降低劳动收入份额的过程中起遮掩作用，缓解人工智能应用导致的劳动收入份额下降。就产业结构升级而言，将产业结构升级分成产业结构高级化和产业结构合理化。人工智能有利于产业结构的高级化发展，产业结构高级化促进劳动收入份额的提高，即产业结构高级化在人工智能影响劳动收入份额过程中起遮掩作用，产业结构高级化能缓解人工智能对劳动收入份额的消极影响。人工智能不利于产业结构的合理化，产业结构的合理化却有利于提高劳动收入份额，即产业结构合理化在人工智能降低劳动收入份额的过程中起中介作用，人工智能通过降低产业结构的合理化程度降低劳动收入份额。

8.2 政策建议

研究结论表明，人工智能的应用降低了劳动收入份额，为了应对技术冲击，有必要采取相应的政策措施。人工智能对劳动收入份额的负向影响从侧面反映了资本和技术对劳动力的控制，使得劳动力分享利益的渠道受到阻碍。在积极推进人工智能应用、享受人工智能带来便捷的同时，更应该关注其导致的劳动要素收入占比下降问题，防止人工智能发展导致的收入分配向资本要素倾斜的倾向，以及由此带来的收入差距扩大和社会稳定的问题。将共享发展理念融入人工智能的应用中，发展的根本目的在于改善、满足人民群众对美好生活的愿望，人工智能的发展也不例外。在推动人工智能发展的过程中，应始终坚持共享发展理念，坚持发展成果由人民共享。共享发展理念是人工智能得以快速、健康、持续推进的保障。在实施具体措施方面，本书提出如下政策建议，以期减弱人工智能应用导致的功能性收入分配失衡问题，使得人工智能健康持续发展的同时，智能红利得以共享，进一步扎实推动共同富裕。

8.2.1　全民基本收入

人工智能对劳动收入份额的负向影响可能导致部分劳动者处于相对贫困，甚至无法维系基本生活，不利于实现共同富裕。在实际生活中，对于低收入型的劳动者而言，一旦劳动者被人工智能挤出劳动市场，很难有足够的时间和精力去学习新知识和新技术，大多数会永久脱离劳动市场，因此无法获得要素收入，最终陷入贫困的风险增加。为这些劳动者提供基本的生活保障就会变得极为重要，全民基本收入（Universal Basic Income，UBI）不失为一种应对之策。简言之，全民基本收入是一种向全民提供维持正常生活的福利制度，在一定程度上把国民收入中资本所有者收入的部分转移至劳动者。全民基本收入的资金来源则可以对机器人的所有者征收机器人税，限制资本所有者的过高收入，以此缩小社会贫富差距。

在大众媒体沉醉于有关人工智能的种种噱头时，学界已开始严肃探讨应对人工智能对收入分配领域冲击的政策措施，其中"全民基本收入"就是应对人工智能冲击的一种重要方案，Ford（2015）将其作为人工智能应用背景下的最优解决方案。近年来，人工智能的广泛应用促使大众对全民基本收入政策的关注度提高，政策界和学界也对该方案存在激烈讨论，与之相关的先导性试验在一些国家展开。国内外理论者形成的基本判断是全民基本收入在人工智能时代的作用越发重要，需要将全民基本收入作为重要议题提上理论界和实践界的日程。面临着人工智能、机器人的冲击，导致的劳动收入份额下降的情况，全民基本收入是数字时代一种直接明了的选择（Kaplan and Haenlein，2019）。本书了解全民基本收入的概念，思考国外有关的实践经验，最终尝试提出适宜中国国情的方案。

8.2.1.1　全民基本收入的基本概念

（1）全民基本收入的思想渊源。全民基本收入的思想最早可以追溯至马斯·潘恩（Thomas Paine）1796年出版的《土地正义论》（*Agrarian Justice*），其指出自然环境属于全人类的共同财产，由自然资源所创造的社会财富具有社会性和集体性的特征，每个社会成员均享有分享社会财富的权力。随后诸如约瑟夫·沙耶利（Joseph Charlier）、约翰·穆勒（John Stuart Mill）等学者也持相同的观点，并提出了被后来学者广泛使用的概念"基本收入"。1986年，由比利时政治经济学家菲利普·范·派瑞斯（Philippe Van Parijs）召集成立的"基本收入全球网络"（Basic Income Earth Network，BIEN）组织，已成为推广全民基本收入的思想大本营，具有重要的国际影响力。全民基本收入思想来源于社会公平理念、对提高经济效率的增长模式的反思和科技进步引致的生产关系变革（赵柯和李刚，2019）。

（2）全民基本收入的简要概念。较为有影响力的全民基本收入的定义主要包括以下两种：BIEN将全民基本收入定义为不需要对个人进行经济状况调查，不设定工作门槛，无条件支付给全体社会成员与其他收入无关的周期性现金支付；比利时学者菲利普·范·派瑞斯（Philippe Van Parijs）认为全民基本收入是在经济上可行的情况下，具有无条件、周期性支付特征的转移支付。以上两种定义存在相通之处，即全民基本收入就是政府向全体公民定期发放的满足基本生活需要的现金。全民基本收入存在以下特征：①发放对象的无差别对待，受众群体为全体公民，而非特定群体，体现普遍主义的公民权；②周期性发放，现金的发放具有可持续性、稳定性的特征，意味着公共资源的持续投入；③以个人为单位发放，并非以家庭的名义进行发放；④发放的金额不随个人收入水平的变化发生变化，具有固定性；⑤发放的为现金，并非其他实物，便于受益人根据自身意愿转换成需要的实物。从全民基本收入的定义和特点可以看出，全民基本收入不同于失业保险、救济金、社保等社会保障政策。

8.2.1.2　全民基本收入的国际实践及经验总结

（1）全民基本收入的国际实践。全民基本收入的实践模式可以分为以下三种：第一种模式是完全按照全民基本收入的定义实施的，也就是通常所说的"经典全民基本收入"（Canonical UBI）（万海远等，2020）；第二种模式覆盖全体人群，但发放的金额小于满足基本生活水平的金额，可称之为"不充分全民基本收入"；第三种模式则舍弃受众为全体人群的条件，仅针对满足条件的人群实施，可称之为"部分全民基本收入"。而现实中迫于财政等方面的压力，全民基本收入实验通常采取"不充分全民基本收入"和"部分全民基本收入"两种模式。全民基本收入不仅在美国、加拿大、芬兰等发达国家的部分地区进行试验，而且在印度、纳米比亚、科尼亚等发展中国家也存在先导性试验。

（2）芬兰的实践。芬兰是高福利国家的典型，其全民基本收入试验是首次由中央政府推动实施的，因此本书选取芬兰的案例进行考察。在失业率高企的背景下，芬兰开展了两年时间的全民基本收入试验，从 2017 年 1 月至 2018 年 12 月结束，目的在于验证是否能提高失业者的再就业意愿、是否能够降低福利机构不断调整低保标准和核查领取资格带来的高额成本。具体的实施方案是：在 2016 年 11 月领取过失业金、低保金的人群中，通过抽签的方式产生大约 2000 名 25~58 岁的芬兰公民作为实验组，这些人可以领取为期 24 个月每月 560 欧元的无条件基本收入，560 欧元低于 2700 欧元的平均收入水平，仅为基本收入。试验的作用还在持续地评估中，已有的数据说明：基本收入对参与者就业率影响较小，但是提高了参与者的自信心，使其变得更加健康、快乐，幸福感也得以提升（Kangas et al.，2019）。在推行该试验的后期，芬兰政府遭遇了财政困境，因此试验结束后并未延续该基本收入的政策。

（3）美国的实践。美国阿拉斯加州的永久红利基金（Permanent Dividend Fund，PDF）是发达地区实施全民基本收入政策的典型案例。阿拉斯加州具有丰富的石油矿产资源，矿产资源的租赁、拍卖所得以及州政府的联邦矿产资源收入为全民基本收入政策的实施提供了资金支持。1997 年，设立了阿拉斯加永久基金，于 1982 年实现了红利的发放，国有资源永久基金公司（Alaska Permanent Fund Corporation）负责基金的运营管理和红利发放工作。以 2015 年为例，每个居民获得的红利为 2072 美元（除犯罪者外），具有充分的分享集体财富的权力，并且阿拉斯加州是不平等程度最低的州。从永久基金分红制度实施的影响来看，它获得了民众的认可、支持，且并未降低民众的就业率，整体上取得了良好的社会效益和经济效益。全民基本收入的资金依赖于自然资源的特殊性，并不适用于存在资金约束的其他地区进行推广。

（4）印度的实践。印度的全民基本收入得到了自雇妇女协会（SEWA）的支持，联合国儿童基金会（UNICEF）为此提供了资金保障。具体的实施方案是：将基本收入发放给印度中央邦 9 个村庄的村民，按照低收入家庭平均收入的 30% 进行发放，发放的时间约为 1 年，选择与实验组情况相似度高的其他 11 个村庄作为对照组。政策的评估结果显示：全民基本收入的实施提高了人们从事生产经营性活动的比重，增加了劳动力供给，并未对就业带来负面影响。印度在全民基本收入政策效果展现出的积极影响，为发展中国家和新兴市场提供了成功案例，加强了对全民基本收入政策实施的信心。

（5）经验总结。全民基本收入的实践初步证明其能够保障社会公平、改善公民生活，且并未发现降低就业率的证据。基于发达国家和发展中国家不完全或者部分全民基本收入的政策实践，均未得出会降低试验组就业率的结论，这为实施全民基本收入政策提供了一定的参考。从目前来看，尚未有完全符合经典全民基本收入政策的实践，其是否会存在福利陷阱的问题也没有明确结论。因此，进一步推进全民基本收入政策的实践是有必要的。

全民基本收入政策的实施必须有强大的财政资金做支撑。芬兰的政策实践后期遭遇财政困境，印度政策实践的资金来自联合国儿童基金会，可以看出全民基本收入的实施受到财政资金的约束。有支出必须有相应的财政收入，否则全民基本收入的实施将成为无源之水、无本之木，无法进行。要保证全民基本收入达到满足基本生活的要求，会造成严重的财政负担，即使相对富裕的国家也会出现财政赤字的持续攀升。

全民基本收入政策的实施需要与各国国情相适应。每个国家现有的社会保障制度、经济发展阶段以及政府的财政能力千差万别，全民基本收入政策实施的方式、基本收入发放的标准均需结合各国实际情况进行安排。为了追求所谓的福利国家，出发点是解决人工智能带来的收入分配问题，倘若不考虑本国的实际情况，实施政策的结果很有可能会导致新的社会问题。全民基本收入政策的激进性需要各国充分考虑实际情况。

8.2.1.3 对中国的启示

对处于发展中国家行列的中国而言，可以从已有的全民基本收入政策实践中得到哪些启示？政策的可行性如何？

我国不适宜实施部分全民基本收入或者不完全基本收入政策。针对低收入群体的全民基本收入政策与我国现行的低保制度类似，不适合再实施部分全民基本收入政策，否则容易造成保障措施的重叠、资金的无效使用和财政资源的浪费。有关芬兰全民基本收入政策的实践中，基本收入的发放与已有的社会保障制度重叠，既造成了财政资金的浪费，又没有达到已有的降低福利体系成本的目的。此外，如果给全体人民发放不满足基本生活的现金，可能会造成潜在的原本低收入群体的福利被瓜分，这不利于发挥政策应有的作用。

经典全民基本收入的实施存在财政资金来源的阻碍。正如前文总结的经验，经典全民基本收入的实施所需要的资金来源需要稳固且庞大。经典的全民基本收入需要给全体公民发放满足基本生活需求的现金，中国是拥有 14 亿人口的大国，可以预见财政资金将不堪重负。假设资金的来源通过征税获取，会加重中高收入群体的负担，可能导致对该部分群体产生负向就业激励。因此，考虑到我国庞大的人口数量和资金来源问题，现阶段尚不适宜通过经典的全民基本收入缓解人工智能带来的劳动收入份额下降问题。

长期中经典全民基本收入存在实施的可能性，替代部分现有的保障措施，降低福利机构的官僚成本。经典全民基本收入符合我国共享发展的理念，为实现共同富裕提供了可供选择的路径。随着物质财富的极大丰富，在经典全民基本收入具有稳定资金来源的情况下，可以将现有的部分福利制度替换为经典全民基本收入政策。经典全民基本收入政策的实践，可以优先在我国资源较为丰富的地区进行试验、丰富探索的基础上，进一步地扩大实施范围。

将人工智能相关的新型职业纳入社会保障覆盖范围，建立与新业态从业人员相适应的动态社会保障机制。人工智能对劳动力的替代不可避免地会造成部分劳动者的失业，对于脱离劳动力市场的劳动者，应给予足够的生活保障，提供安全网。社会保险、社会救济等覆盖范围需要将人工智能带来的灵活就业、零工形式等考虑在内，要通过完善相关的劳动保护法加强对新型职业劳动者的权益保护。同时，要关注人工智能导致的收入不平等问题，使得社会保障措施与人工智能发展相适应，完善再分配相关政策，最终达成人工智能技术发展与收入分配公平之间动态平衡的目标。

8.2.2 机器人税

人工智能呈指数化的发展速度，对就业和收入分配领域产生冲击，引发人们的忧虑和社会危机感。2017 年 2 月，比尔·盖茨（Bill Gates）提出向机器人征税，用于对失业工人进行培训，由此引发了企业界和学界的广泛讨论。接下来对机器人税的思想进行简要说明，并分析实践案例，最终得出对中国的启示。

8.2.2.1 机器人税的基本概念

机器人税设想的起源和发展。2016 年 5 月，卢森堡议员马蒂·沃尔德（Mady Delvaux）最早提出征收"机器人税"的法案，其主张在欧盟范围内征收机器人税的构想，以此创建稳固的资金来源建立完善的社会保障体系，但该法案并未通过。2017 年 1 月，法国前教育部长贝瓦诺·阿蒙（Benoit Hamon）主张对使用机器人产生的增加值进行征税，征税的金额与"社会负担费用"相等，用于最低收入的支付。2017 年 2 月，比尔·盖茨（Bill Gates）指出，随着人工智能、机器人的应用，与其相关的税收必然出现。比尔·盖茨认为，机器人应该缴纳与劳动力水平相同的所得税和社会保障税，为失业者提供培训工作是机器人税的首要目的。2017 年 6 月，诺贝尔奖得主罗伯特·希勒（Robert J. Shiller）认为，机器人的广泛应用要求重新构建税收体系，对机器人征税是较为容易接受的政策选择，税收所得则用来帮助技术性失业工人再就业。综上所述，征收机器人税是人工智能时代潜在的选择，对其征收的目的在于缓解机器人产生的就业收入分配问题、稳定政府税收来源，税收所得专门用于失业工人的再就业。

根据雷恩·艾伯特等（2018）的研究，机器人的征税方式存在以下五种：第一种是禁止企业由于自动化享受的所得税减免；第二种是工人因自动化失业，需要向雇主征收自动化税；第三种是为雇佣更多人类劳动力的企业提供税收抵扣优惠；第四种是增加完全使用机器人进行生产的企业的税收；第五种是大幅度提高企业税率，目的是增加资本所占税基的相对比例，减少劳动力负担的部分。以下将介绍韩国征收"机器人税"的实践，其所采取的方式属于第一种，即降低企业因自动化产生的税收优惠。

8.2.2.2　机器人税的实践及经验总结

机器人税的征收存在较大的争议，大多数国家对于实施"机器人税"较为谨慎，仅停留在理论层面上，只有韩国变相征收了机器人税。根据 IFR 的相关数据，2020 年韩国的机器人安装量位于全球第四，安装量达到 30500 台，机器人的安装密度居世界首位达 932 台/万人。从机器人存量来看，从 1993 年的 8786 台增加至 2019 年的 324049 台，复合增长率约为 14.88%。韩国的机器人应用水平一直处于世界前端。伴随机器人应用水平的提高，韩国的失业人数在 2016 年突破 100 万人，2017 年的失业人数达到 102.76 万人[①]，青年失业率达到 10%（程杰和张雪梅，2019）。鉴于高失业率和社会保障支出增加的压力，韩国政府于 2017 年 8 月实施了间接的"机器人税"，根据企业规模的不同，韩国的企业原本可以从企业所得税中抵扣 3%~7% 的自动化设备投资，在实施"机器人税"后，

---

① 国泰安数据库。

企业所得税的抵扣降为2%。该举措增加了企业使用机器人的成本，被认为是间接增加了"机器人税"。从韩国"机器人税"的征收的结果来看：2017年韩国机器人安装量下降了3.85%，此后2018年、2019年、2020年的机器人的安装量增长率均为负①，可见"机器人税"的征收立竿见影地减少了企业机器人的安装量；从韩国的就业情况来看，韩国的失业率在2017年之后保持在3.7%，可见"机器人税"的实施对于稳定就业情况存在一定的作用。此外，美国于2017年成立了"未来工作基金"（Jobs of the Future Fund）的组织，探讨"机器人税"设计、实施方面的相关问题。

"机器人税"的纳税主体为使用机器人产生收益的企业。"机器人税"的字面意思是对机器人征税，但是其无法像自然人一样征税。机器人的实质仍为隶属于企业的一种物质资本，本身不具备缴纳税收的资格。对机器人征税，实质上是对机器人的生产厂家、销售商以及使用者进行征税。简言之，机器人税实质上是对资本利得所征收的赋税。韩国实施的"机器人税"属于对使用机器人的企业进行征税，课税的对象为企业所得税。

"机器人税"的征收在一定程度上可以缓解失业的问题，根据本国国情实施。"机器人税"的实施增加了资本要素的价格，企业转向雇佣相对廉价的劳动力，因此可以在短期内解决部分失业问题。随着机器人安装程度的提高，机器人税的征收不可避免，但是应该关注征收的主体、课征的方式、税率等问题。"机器人税"的征收要考虑本国机器人安装密度、失业人数、福利制度等方面的问题。

"机器人税"放缓创新、技术进步的进程，需谨慎推进。从韩国的案例中可以看出，"机器人税"的征收最直接的影响是减少了企业机器人的安装量，这无疑阻碍了技术创新的步伐。全社会的数字化、智能化是不可逆的大趋势，"机器人税"的征收本质上属于调整技术进步的速度，在遏制失业率攀升的同时，不利

---

① 笔者根据IFR提供的数据计算得出。

于智能化的转型。因此,"机器人税"的征收需要在失业率和智能化转型两方面进行权衡,做出全方位考虑。

8.2.2.3 对中国的启示

征收"机器人税"需要与我国人工智能的发展程度、机器人的安装密度相契合。根据 IFR 的数据,我国 2020 年的机器人安装密度达到 246 台/万人,我国机器人安装量呈快速发展的趋势。加之我国人口老龄化和少子化问题日益突出,可以预见对机器人的需求量将会有增无减。我国政府支持智能化的转型,2021年 12 月 28 日工信部等多部门联合印发《"十四五"机器人产业发展规划》,其中明确提出制造业的机器人安装密度要在 2025 年翻番的目标。在我国人工智能如火如荼发展的背景下,征收机器人税会对技术创新和智能化转型产生不利影响。我国的机器人安装密度(246 台/万人)与韩国(932 台/万人,2020 年)、新加坡(605 台/万人,2020 年)相去甚远,智能化的转型处于初期或者快速发展时期,技术创新也处于追赶阶段,此时征收"机器人税"对智能化转型、技术创新会造成不利冲击。然而,随着我国人工智能技术逐渐接近技术前沿,智能化转型基本完成后,"机器人税"或可提上日程。

"机器人税"的征收要坚持税收中性的原则。税收中性指的是国家征税产生的社会负担不能超过征税的额度,尽量减少征税对纳税人的额外负担,不能超越市场配置资源的机制(孙婧麟,2006)。"机器人税"征收要确保纳税人的经济利益损失小于社会经济效益,征税的净收益才能为正,达到征税原本的目的。具体来讲,"机器人税"的征收不能对资本要素和劳动要素产生偏袒,保持中立。征税的额度考虑各种利益之间的平衡,力求弥补劳动力失业造成的损失,以及因机器人的使用造成的财政收入减少,而税款的专收专用则是实现税收中立的措施。

确保征收的"机器人税"用于提高技术性失业劳动者的技能水平和福利水平,与全民基本收入政策(UBI)配套实施可能会提高政策效力。在学者们提出的"机器人税"概念中,对于"机器人税"的用途做了明确设想,将税收用于提高失业者的技能水平和福利支出，说明"机器人税"具有专款专用的特征。在征收"机器人税"的同时，需要设立税款的使用和监督机构，确保征税原本目的的实现。此外，"机器人税"恰好可以为前文提到的全民基本收入政策提供资金来源，而全民基本收入的目的正是用于保障被人工智能取代的劳动力的基本生活水平，二者存在互补的关系，因此"机器人税"配合全民基本收入政策的实施可以增强政策的效果。

8.2.3　人工智能人才的培养

随着人力资本水平的提升，人工智能对劳动收入份额的负向影响减弱，人工智能技术的发展亟须相匹配的技能人才，因此提升人力资本水平是缓解人工智能导致的劳动收入份额下降、推进人工智能技术健康持续发展的有力措施。高水平的人力资本降低了劳动力被人工智能替代的风险，即使在被人工智能替代的情况下，具有高水平人力资本的劳动力也更容易在其他岗位、行业实现再就业，有效应对人工智能的冲击。因此，加大人力资本的投入不仅可以满足人工智能发展的需要，而且有利于劳动力在劳动市场上保持优势。在继续加大教育投入的同时，还应该考虑人力资本结构与人工智能技术发展相匹配的问题，培育人工智能人才。在培养目标方面，应重点培养劳动力创新能力、沟通协作能力、复杂问题解决能力、人机协作技能等不可替代的能力，这就涉及教育体制的改革和人才评价机制的调整。在借鉴他国人工智能人才培育的实践基础上，提出针对我国人工智能人才培育的具体措施。

8.2.3.1　人工智能人才培养的国际实践

为了抢占人工智能技术发展的制高点，各国加快人工智能人才的培养，科技的竞争归根结底是人才的竞争。通过学习借鉴其他国家的实践经验，为更好地培育我国人工智能人才提供参考。以下是美国、日本以及新加坡的人工智能人才教育的实践内容。

美国培育和引进人工智能人才的实践。近年来，美国陆续出台了一系列支持人工智能人才发展的法案，比如《美国竞争力法案》《加强自然科学技术工程及数学教育法案》等。2018 年美国国家科学技术委员会（NSTC）制定了科学、技术、工程和数学（STEM）教育战略，旨在鼓励人工智能相关课程的学习，相关资金由政府部门和科技公司共同承担，计算机科学的相关资金支持被排在首位。人工智能的薪资待遇大于大学研究机构，使得美国教育机构人工智能人才流失严重，严重制约了下一代人工智能人才的培养。鉴于此，部分公司允许人工智能人才在公司和学校之间轮换，联邦政府同时加大对科研人员的资助，保留了培养下一代人工智能人才的教师队伍。移民在美国人工智能人才中占据重要地位，占美国最大人工智能人才库的一半以上（马丁·拉瑟等，2020）。美国计划通过简化签证程序、为人工智能人才提供绿卡等将国际人才留住，加之其拥有高端实验室吸引了全球人才的集聚。

日本通过多层次教育体系培育人工智能人才的实践。日本颁布的《人工智能战略 2019》中提出人工智能人才的培养是推进人工智能技术发展的关键举措，将人工智能人才的培育放在战略高度上。日本的人工智能人才培育呈现素养教育、应用基础教育以及专家型人才培育的多层次梯级人才培育的特点。就人工智能素养教育而言，让小学生、初中生体验数理学科在解决生活中关联问题的重要作用，激发学生学习数理学科的热情。高中阶段，所有学生必须掌握信息技术知识和数据科学的基础知识，培养学生发现问题、解决问题的能力。高等教育阶段，政府为成人教育的学生提供学习人工智能技术的机会，所有文科和理科大专、大学生均需掌握初级的数理、数据以及人工智能知识。就人工智能应用基础教育而言，评选人工智能教育方面的模范院校并进行推广，将学生培养成既懂本专业知识又懂人工智能知识的复合型人才，学校加强与产业界的合作，使得学生能够学以致用。就人工智能专家培育而言，在已经或者将要就业的技术型人才中实施专家培育项目，培养专家型人才和顶尖人才。

新加坡的人工智能终身教育体系。新加坡重视人工智能人才的培养，在 2017 年提出了"新加坡人工智能"（AI Singapore，AISG）计划，强调人工智能人才的培养需要具有完备性；在 2019 年推出了《国家人工智能战略》（National AI Stratage），需要进一步加强力度扶持人工智能教育的发展，变革人工智能教育的发展模式。与日本均属多层次教育体系，不同之处在于新加坡细化了每个年龄段接受的课程内容，并且增加了针对全民的人工智能教育。根据年龄、受教育程度、职业经历，针对小学生、中学生、从业者、全体公民等分别设置了不同的在线课程，还专门为理工科学生开设人工智能工程师的职业培训计划，为人工智能的发展培养高端人才。掌握最新人工智能技术和拥有突出教学能力的教师队伍是人工智能人才培养的基石，新加坡尤其重视对教师的选拔、聘用、培训以及考核等环节，基础教育、初等教育和高等教育对教师的要求存在差异。在基础教育、初等教育阶段，新加坡考察教师具备的专业素养和教学水平的方式为"统一培训+定期考核"。在高等教育阶段，则要求教师具备扎实的理论知识和实践经验，采取"双师制"的聘用机制。

8.2.3.2 经验总结

通过思考对比美国、新加坡和美国人工智能人才培养的实践，简要总结了如下经验：

将人工智能人才的培养上升到国家战略高度，清晰地设定发展目标和具体规划。美国、日本、新加坡等国均出台文件将人工智能人才的培养作为发展人工智能技术的关键举措之一。技术的发展依赖人才的培养，人工智能人才培养的战略高度定位具有前瞻性，为教育的变革指引方向，清晰的实施方案便于政策落地。人工智能人才的培养需要资金的支持，国家战略高度的定位为资金的流向提供指引，明确支持资金用途的优先顺序，例如美国在实施 STEM 教育战略的资金来源于政府和企业。

以本土人才的培养为主，同时引进国际高端人工智能人才。人工智能技术的发展存在国别差异，国际人才的流动有助于人工智能技术溢出效应的发挥，引进全球顶尖人工智能人才是明智之举。本土人才的培养不是一蹴而就的，引进国际高端人才则可以在短期内缓解人工智能人才短缺的问题，美国、日本、新加坡等国家实施一系列便利政策引进人工智能人才。然而，对本土人工智能人才的培养仍是基础。本土人工智能人才的培养对于本国人工智能技术的发展具有重要意义，一方面，本土人才更加熟悉本国的国情和人工智能的发展方向；另一方面，本土人才往往具有较高的使命感和责任感，正所谓"科学无国界，但科学家有自己的祖国"。

人工智能人才的培养覆盖不同的教育阶段。日本人工智能人才培养的多层次教育体系和新加坡的终身教育体系，都表明人工智能的教育是贯穿整个学习、工作阶段的。根据每个阶段受教育人群的特点，分别设定不同的教育目标，设计不同的课程体系。应用线上线下相结合的灵活授课方式，方便已经就业人群学习人工智能相关知识。人工智能技术的发展日新月异，正逐步渗透至经济社会的方方面面，为了能够适应即将到来的智能化社会，必须保持终身学习的理念。需要认识到的是，人工智能人才并非仅针对高端人才，需要全民参与学习人工智能的相关知识。

8.2.3.3　对我国的政策启示

构建人工智能人才培养的多梯度教育体系，推进人才培养向低龄化、全员化发展。2018 年 4 月，教育部印发了《高等学校人工智能创新行动计划》，重点布局高等教育中人工智能人才的培养。我国人工智能人才的培养偏向于高等教育阶段，对于基础教育阶段和初等教育阶段关注不足。人工智能人才的培养是一个延续、持续的过程，借鉴日本的人工智能人才培养方案，在基础教育阶段、初等教育阶段、高等教育阶段出台、落实具体的人工智能人才培养方案，将各阶段的人才培养有机联系起来，避免各阶段出现重复教育导致的教育资源浪费。区分各教育阶段的特点，基础教育阶段重点培养学生的兴趣，初等教育阶段重点让学生掌握信息技术、数据科学、人工智能方面的基础知识，高等教育阶段以培育复合型人才为主要目标。政府机构增加举办有关人工智能技术的讲座和培训，加快人工智能技术的扩散，提高人工智能技术在全社会的接纳程度，有利于加快整个社会智能化转型的步伐，并缩小数字鸿沟。此外，维持职业教育和通识教育之间的平衡。劳动者通过通识教育获得认识能力、学习能力，而通过职业教育获得的专用技能不足以应对瞬息万变的科技发展，这就需要科学来平衡二者的关系，并建立终身学习的理念和教育体系。

加强大学、科研院所与公司的合作，允许人工智能人才在大学机构和公司间的轮换，大学机构提高对人工智能人才的资金支持力度。人工智能人才的数量在初期往往不能满足技术发展的需要，现有的人工智能人才在促进技术创新的同时，为培养新一代人工智能人才传递知识和经验，因此人工智能人才在大学和公司间的自由流动显得尤为重要。一方面，人工智能人才将在公司的实践经验带入课堂，为学生提供最新的技术发展动向，有助于学生接触前沿的人工智能知识；另一方面，学生能够将理论知识学以致用，加深对理论知识的理解，通过"干中学"效应在实践中学习产生新知识。大学将资金支持政策重点用于人工智能相关的项目，提高人工智能人才的待遇，确保在大学机构留住一批人工智能人才。大学机构可以和公司合作建立相关实验室，以分享研究成果为条件换取资金支持。

促进"人工智能+X"多学科建设，重点支持理工科与人工智能融合的同时，不能偏废人文社科与人工智能的融合。人工智能学科存在复杂度高、多学科综合的特征，因此学科之间的融合发展符合人工智能技术发展的要求。具体来讲，一方面，需要整合高等院校内部的资源，实现跨学科、跨学院之间在课程、研究项目、师资力量之间的融合；另一方面，在传统的学科教学中开设人工智能基础课程，以使学生具备基本的数字素养。人工智能是"新工科"战略的重点项目，我国"人工智能+X"专业多集中于理工科。但是，人工智能技术的发展对人类社会产生的影响具有不确定性，需要研判人工智能产生的积极或消极影响，促进人工智能技术在社会伦理规范的框架下使用，因此经济学、心理学、社会学等人文社科类也需要与人工智能融合，促进"新文科"的发展。

考虑到我国面临人口老龄化程度加深的严峻挑战，探索适用于老年人的人工智能教育培训，开发智能化适老产品和服务。利用人工智能技术服务老龄化人口，促进老年人消费向数字化、智能化转型，带动人工智能相关产业部门的扩大生产，有助于抵消人口老龄化引起的人工智能对劳动收入份额负向影响增强的效应。一方面，普及相关数字技术，开展智能技术教育和培训，为老年人提供技术支持，提高老年人的信息素养，奠定消费数智化转型的基础；另一方面，针对老年人在运用智能技术方面的困难，充分考虑老年人的习惯，从技术的开发到使用力求操作简便、易于使用。聚焦老年人在出行、就医、消费等日常生活涉及的高频事项和服务场景，有针对性地开发智能化适老产品和服务，缩小代际间的数字鸿沟。

8.3 研究不足与展望

本书从多视角论证了人工智能对劳动收入份额的影响，补充了相关研究。然而，受限于数据的可获得性、个人学识水平等因素，本书存在以下局限性，还需继续深化：

（1）在研究数据的使用方面，无法直接获取各地区机器人的安装密度来衡量地区人工智能的应用水平。本书和大多文献均使用就业占比构造人工智能应用水平，虽然该方法是目前度量地区人工智能应用水平较为常用、权威的，但并非地区直接的使用数据，仍然可能会存在一些偏差。为了更好地掌握人工智能发展水平和便于学者进行研究，统计机构或许需要将地区机器人的使用情况纳入统计范围。将来若获得了精确的数据，可能需要进行进一步论证。

（2）拓宽人工智能属性的研究。人工智能的概念并未形成定论，存在多种属性。未来将继续深入挖掘人工智能技术进步之外的其他属性，例如作为新型基础设施的属性，人工智能在生产过程中呈现"干中学"效应。将人工智能的这些属性纳入考虑范围，对劳动收入份额的影响是否会发生变化，可能会作为进一步研究的方向。

（3）行业视角的扩展。人工智能的应用存在行业异质性，人工智能对行业层面劳动收入份额的影响如何，上下游行业间可能存在溢出效应。行业人工智能应用水平与行业特征紧密相关，人工智能对行业层面劳动力转移、劳动收入份额的影响是未来需要关注的领域，对于产业智能化转型具有重要意义。

参考文献

［1］Abraham F. , Konings J. , Vanormelingen S. The Effect of Globalization on Union Bargaining and Price-Cost Margins of Firms ［J］. Review of World Economics, 2009, 145（1）: 13-36.

［2］Acemoglu D. Directed Technical Change ［J］. Review of Economic Studies, 2002, 69（4）: 781-809.

［3］Acemoglu D. Technical Change, Inequality and the Labor Market ［J］. Journal of Economic Literature, 2002（40）: 7-72.

［4］Acemoglu D. When Does Labor Scarcity Encourage Innovation? ［J］. Journal of Political Economy, 2010, 118（6）, 1037-1078.

［5］Acemoglu D. , Restrepo P. The Race Between Man and Machine: Implications of Technology for Growth, Factor Shares, and Employment ［J］. American Economic Review, 2018a, 108（6）: 1448-1542.

［6］Acemoglu D. , Restrepo P. Artificial Intelligence, Automation and Work ［R］. NBER Working Paper, No. 24196, 2018b.

［7］Acemoglu, D. , P. Restrepo. Robots and Jobs: Evidence from U. S. Labor Market ［J］. Journal of Political Economy, 2020, 128（6）: 2188-2244.

［8］Acemoglu D. , Restrepo P. Demographics and Automation ［J］. The Review of Economic Studies, 2022, 89 (1): 1-44.

[9] Aghion P, Jones B F, Jones C I. Artificial Intelligence and Economic Growth [R]. NBER Working Paper, No. 23928, 2017.

[10] Aghion P., Antonin C., Bunel S. Artificial Intelligence, Growth and Employment: The Role of Policy [J]. Post-Print, 2019 (510).

[11] Ahmad S. On the Theory of Induced Innovation [J]. The Economic Journal, 1966 (76): 344-357.

[12] Ahsan R. N., Mitra D. Trade Liberalization and Labor's Slice of the Pie: Evidence from Indian Firms [J]. Journal of Development Economics, 2014, 108 (C): 1-16.

[13] Andersen J. R., et al. Harnessing the Opportunity of Artificial Intelligence in Denmark, McKinsey & Company Report [EB/OL]. https://www.mckinsey.com/fetured-insights/europe/harnessing-the-opportunity-of-artificial-intelligence-in-denmark, 2019.

[14] Autor D., Dorn D. The Growth of Low-Skill Service Jobs and the Polarization of the US Labor Market [J]. American Economic Review, 2013, 103 (5): 1553-1597.

[15] Autor D., Salomons A. Is Automation Labor-Displacing? Productivity Growth, Employment, and the Labor Share [R]. NBER Working Papers, No. 24871, 2018.

[16] Bessen J. AI and Jobs: The Role of Demand [R]. NBER Working Papers No. 24235, 2018.

[17] Blanas S., et al. Who is Afraid of Machines? [R]. CEPR Discussion Paper, No. 13802, 2019.

[18] Blanchard O., Francesco G. Macroeconomic Effects of Regulation and Deregulation in Goods and Labor Markets [J]. Quarterly Journal of Economics, 2003 (3): 879-907.

[19] Borts G. H. The Equalization of Returns and Regional Economic Growth [J]. American Economic Review, 1960 (4): 723-735.

[20] Bowley A. L., Stamp J. The National Income 1924-1931 [M]. Oxford: Clarendon Press, 2017.

[21] Bresnahan T. F., Trajtenberg M. General Purpose Technologies Engines of Growth'? [J]. Journal of Econometrics, 1995, 65 (1): 83-108.

[22] Brynjolfsson E., Mitchell T. What Can Machine Learning Do? Workforce Implications [J]. Science, 2017, 358 (6370): 1530-1534.

[23] Brynjolfsson E., Rock D., Syverson C. Artificial Intelligence and the Modern Productivity Paradox: A Clash of Expectations and Statistics [R]. NBER Working Paper No. 24001, 2017.

[24] Cheng H., Jia R., Li D., Li H. The Rise of Robots in China [J]. Journal of Economic Perspectives, 2019, 33 (2): 71-88.

[25] Daudey E., Garcia-Penalosa C. The Personal and the Factor Distributions of Income in a Cross-section of Countries [J]. Journal of Development Studies, 43 (5): 812-829.

[26] DeCanio S. J. Robots and Humans: Complements or Substitutes [J]. Journal of Macroeconomics, 2016, 49 (1): 280-291.

[27] Decreuse B., Maarek P. FDI and the Labor Share in Developing Countries: A Theory and Some Evidence [J]. Annals of Economics and Statistics, 2015 (119/120): 289-319.

[28] European Commission. A definition of AI: Main Capabilities and Disciplines, EC Report [EB/OL]. https://digital-strategy.ec.europa.ed/en/library/definition-artificial-intelligence-main-capabilities-and-scientific-disciplines, 2019.

[29] Elhorst J. P. Matlab Software for Spatial Panels [J]. International Regional Science Review, 2014, 37 (3), 389-405.

[30] Ford M. Rise of the Robots: Technology and the Threat of a Jobless Future [M]. New York: Basic Books, 2015.

[31] Frey C. B. , Osborne M. A. The Future of Employment: How Susceptible are Jobs to Computerization? [J]. Technological Forecasting and Social Change, 2017, 114 (1): 254-280.

[32] Furman J. , R. Seamans. AI and the Economy [R]. NBER Working Paper, No. 24689, 2018.

[33] Finlayson, Mark A. , et al. Computational Models of Narrative: Review of the Workshop [J]. AI Magazine, 2010, 31 (2): 97-100.

[34] Graetz G. , Michaels G. Robots at Work [J]. The Review of Economics and Statistics, 2018, 100 (5): 753-768.

[35] Gregory T. , Salomons A. , Zierahn U. Racing with or Against the Machine? Evidence from Europe [R]. CESifo Working Paper No. 7247, 2018.

[36] Grossman G. M. , Helpman E. , Oberfield E. , et al. The Productivity Slowdown and the Declining Labor Share: A Neoclassical Exploration [R]. NBER Working Paper, 2017.

[37] Gujarati D. Labor's Share in Manufacturing Industries, 1949-1964 [J]. Industrial and Labor Relations Review, 1969, 23 (1): 65-77.

[38] Hägerstrand T. Innovation Diffusion as a Spatial Process [M]. Chicago: The University of Chicago Press, 1967.

[39] Hansen B. E. Threshold Effects in Non-Dynamic Panels: Estimation, Testing, and Inference [J]. Journal of Econometrics, 1999, 93 (2): 345-368.

[40] Hansen B. E. Sample Splitting and Threshold Estimation [J]. Econometrica, 2000, 68 (3): 575-604.

[41] Harrison A. E. Has Globalization Eroded Labor's Share? Some Cross-Country Evidence [R]. NBER Working Paper, 2002.

［42］ Hurst E. The Retirement of a Consumption Puzzle ［R］. NBER Working Paper, No. 13789, 2008.

［43］ Huttunen K. , Men J. , Salvanes K. G. Job Loss and Regional Mobility ［J］. Journal of Labor Economics, 2018, 36 （2）: 479-509.

［44］ Jayadev A. Capital Account Openness and the Labor Share of Income ［J］. Cambridge Journal of Economics, 2007 （3）: 423-443.

［45］ Kaldor N. Capital Accumulation and Economic Growth ［J］. Palgrave Macmillan UK, 1961.

［46］ Kaldor N. Economic Growth and Verdoorn Law—Comment on Mr. Rowthorn's Article ［J］. Economic Journal, 1975 （85）: 891-896.

［47］ Kangas O. The Basic Income Experiment 2017-2018 in Finland ［R］. Kela-FPA Working Papers, No. 9, 2019.

［48］ Kaplan A. , Haenlein M. Siri, Siri, in My Hand: Who's the Fairest in the Land? On the Interpretations, Illustrations, and Implications of Artificial Intelligence ［J］. Business Horizons, 2019, 62 （1）: 15-25.

［49］ Karabarbounis L. , Neiman B. The Global Decline of the Labor Share ［J］. The Quarterly Journal of Economics, 2014, 129 （1）: 61-103.

［50］ Kennedy C. Induced Bias in Innovation and the Theory of Distribution ［J］. Economic Journal, 1964, 74 （3）: 541-547.

［51］ Korinek A. , Stiglitz J. E. Artificial Intelligence and Its Implications for Income Distribution and Unemployment ［R］. NBER Working Paper, No. 24174, 2017.

［52］ Kuczynski J. Wage and Labor's Share in the Value Added by Manufacture ［R］. American Federation of Labor, Research Series, No. 4, 1928.

［53］ Lamarche C. Robust Penalized Quantile Regression Estimation for Panel Data ［J］. Journal of Econometrics, 2010, 157 （2）: 396-408.

［54］ Lawrence R. Z. Recent Declines in Labor's Share in US Income: A Preliminary Neoclassical Account ［R］. NBER Working Paper, 2015.

［55］Lebow D. E. , Saks R. E. , Wilson B. A. Downward Nominal Wage Rigidity: Evidence from the Employment Cost Index ［J］. Social Science Electronic Publishing, 2003, 3 (1): 1-30.

［56］Lesage J. P. , Pace R. K. Introduction to Spatial Econometrics ［M］. Boca Raton: CRC Press, 2009.

［57］Loecker J. D. , Warzynski F. Markups and Firm-level Export Status ［J］. American Economic Review, 2012, 102 (6): 2437-2471.

［58］Mansfield E. Technical Change and the Rete of Innovation ［J］. Econometrica, 1961 (29): 66-741.

［59］Nilsson N. J. Artificial Intelligence: A New Synthesis ［M］. Morgan Kaufmann Publishers, 1998.

［60］Olivier B. , Francesco G. Macroeconomic Effects of Regulation and Deregulation in Goods and Labor Markets ［J］. Quarterly of Economics, 2003 (3): 879-907.

［61］Roy V. V. , Vertesy D. , Damioli G. AI and Robotics Innovation: A Sectoral and Geographical Mapping Using Patent Data ［R］. GLO Discussion Paper Series, No. 433, 2019.

［62］Samuel B. , Gilles S. P. Explaining Movements in the Labor Share ［J］. The B. E. Journal of Macroeconomics, 2003, 3 (1): 1-33.

［63］Serres A. D. , Scarpetta S. , Maisonneuve C. Falling Wage Shares in Europe and the United States: How Important is Aggregation Bias? ［J］. Empirica, 2001, 28 (4): 375-401.

［64］Stockhammer E. Why Have Wage Shares Fallen? A Panel Analysis of the Determinants of Functional Income Distribution ［R］. Conditions of Work and Employment Series, No. 35, 2013.

［65］Stoneman P. The Economic Analysis of Technological Change ［M］. Oxford：Oxford University Press，1983.

［66］Zuleta H. Why Labor Income Shares Seem to be Constant？［J］. The Journal of International Trade & Economic Development，2007，16（4）：551-557.

［67］白重恩，钱震杰.国民收入的要素分配：统计数据背后的故事［J］.经济研究，2009，44（3）：27-41.

［68］白重恩，钱震杰.劳动收入份额的决定因素：来自中国省际面板数据的证据［J］.世界经济，2010（12）：3-27.

［69］柏培文，杨志才.劳动力议价能力与劳动收入占比——兼析金融危机后的影响［J］.管理世界，2019，35（5）：78-91.

［70］蔡昉，王美艳.如何解除人口老龄化对消费需求的束缚［J］.财贸经济，2021（5）：5-13.

［71］蔡宏波，韩金镕.人工智能缓解人口老龄化压力：作用机理与实现路径［J］.新视野，2021（6）：20-26.

［72］蔡伟贤，等.最低工资标准上涨影响了企业的员工配置效率吗？［J］.经济科学，2021（2）：83-95.

［73］蔡啸，黄旭美.人工智能技术会抑制制造业就业吗？——理论推演与实证检验［J］.商业研究，2019（6）：53-62.

［74］蔡跃洲，陈楠.新技术革命下人工智能与高质量增长、高质量就业［J］.数量经济技术经济研究，2019（5）：3-22.

［75］曹守新，徐晓雯.人工智能对劳动力就业的影响及其应对［J］.山东社会科学，2020（12）：153-159.

［76］常进雄，朱帆，董非.劳动力转移就业对经济增长、投资率及劳动收入份额的影响［J］.世界经济，2019，42（7）：24-45.

［77］钞小静，周文慧.人工智能对劳动收入份额的影响研究——基于技能偏向性视角的理论阐释与实证检验［J］.经济与管理研究，2021（2）：82-94.

[78] 陈斌开，林毅夫.发展战略、城市化与中国城乡收入差距 [J].中国社会科学，2013 (4)：81-102+206.

[79] 陈冲，孙永驰.工业智能化如何影响城乡收入差距——基于技能偏向性视角 [J].广东财经大学学报，2022，37 (3)：21-33.

[80] 陈登科，陈诗一.资本劳动相对价格、替代弹性与劳动收入份额 [J].世界经济，2018 (12)：73-97.

[81] 陈东，姚笛.人工智能扩大了企业间的工资差距吗？——来自中国工业企业的证据 [J].经济科学，2022 (3)：127-142.

[82] 陈利锋，钟玉婷.人工智能、劳动收入份额与社会福利 [J].华中科技大学学报，2020，34 (4)：63-73.

[83] 陈利锋.产品与劳动力市场改革的动态效应：一个模拟分析 [J].经济与管理评论，2020，36 (3)：33-46.

[84] 陈明艺，胡美龄.技术创新对我国劳动力市场的影响研究——以人工智能技术为例 [J].宏观经济，2020 (8)：25-33.

[85] 陈楠，刘湘丽，樊围国，丁微.人工智能影响就业的多重效应与影响机制：综述与展望 [J].中国人力资源开发，2021，38 (11)：125-139.

[86] 陈秋霖，许多，周羿.人口老龄化背景下人工智能的劳动力替代效应——基于跨国面板数据和中国省级面板数据的分析 [J].中国人口科学，2018 (6)：30-42+126-127.

[87] 陈彦斌，林晨，陈小亮.人工智能、老龄化与经济增长 [J].经济研究，2019，54 (7)：47-63.

[88] 陈勇，柏喆.技术进步偏向、产业结构与中国劳动收入份额变动 [J].上海经济研究，2020 (6)：56-68.

[89] 陈永伟，曾昭睿."第二次机器革命"的经济后果：增长、就业和分配 [J].学习与探索，2019 (2)：101-113.

[90] 陈宇峰，贵斌威，陈启清.技术偏向与中国劳动收入份额的再考察

[J]. 经济研究, 2013 (6): 113-125.

[91] 陈媛媛, 张竞, 周亚虹. 工业机器人与劳动力的空间配置 [J]. 经济研究, 2022, 57 (1): 172-188.

[92] 程承坪, 彭欢. 人工智能影响就业的机理及中国对策 [J]. 中国软科学, 2018 (10): 62-70.

[93] 程虹, 王华星, 石大千. 使用机器人会导致企业劳动收入份额下降吗? [J]. 中国科技论坛, 2021 (2): 152-160+168.

[94] 程虹, 王泽宇, 陈佳. 机器人与工资: 基于劳动力质量中介效应的解释——来自中国企业综合调查 (CEGS) 的经验证据 [J]. 宏观质量研究, 2020 (3): 1-13.

[95] 程杰, 张雪梅. "机器人税" 可行吗? [J]. 中国发展观察, 2019 (20): 56-60.

[96] 程文. 人工智能、索洛悖论与高质量发展: 通用目的技术扩散的视角 [J]. 经济研究, 2021, 56 (10): 22-38.

[97] 戴天仕, 徐现祥. 中国的技术进步方向 [J]. 世界经济, 2010 (11): 54-70.

[98] 邓明. 进口竞争与劳动收入份额: 识别、分解与机理 [J]. 国际贸易问题, 2022 (4): 20-37.

[99] 邓翔, 黄志. 人工智能技术创新对行业收入差距的效应分析——来自中国行业层面的经验证据 [J]. 软科学, 2019, 33 (11): 1-5+10.

[100] 邓智平. 数字赋权与劳动关系转型 [J]. 南方经济, 2021 (9): 11-17.

[101] 邓仲良, 屈小博. 工业机器人发展与制造业转型升级——基于中国工业机器人使用的调查 [J]. 改革, 2021 (8): 25-37.

[102] 邓洲, 黄娅娜. 人工智能发展的就业影响研究 [J]. 学习与探索, 2019 (7): 99-106+175.

［103］丁守海，徐政.新格局下数字经济促进产业结构升级：机理、堵点与路径［J］.理论学刊，2021（3）：68-76.

［104］董志强，黄旭.人工智能技术发展背景下的失业及政策：理论分析［J］.社会科学战线，2019（12）：76-84.

［105］董直庆，安佰珊，张朝辉.劳动收入占比下降源于技术进步偏向性吗？［J］.吉林大学社会科学学报，2013，53（4）：65-74.

［106］杜鹏程，刘睿雯，张烁珣.要素成本与劳动收入份额：来自最低工资与进口关税的证据［J］.世界经济，2022，45（2）：85-110.

［107］杜鹏程，王姝勋，徐舒.税收征管、企业避税与劳动收入份额——来自所得税征管范围改革的证据［J］.管理世界，2021，37（7）：105-118+8.

［108］范从来，张中锦.提升总体劳动收入份额过程中的结构优化问题研究——基于产业与部门的视角［J］.中国工业经济，2012（1）：5-15.

［109］冯鹏程.人工智能、去技能化与劳动就业——马克思主义政治经济学的分析［D］.武汉：中南财经政法大学，2020.

［110］傅家骥.技术创新——中国企业发展之路［M］.北京：企业管理出版社，1992.

［111］干春晖，郑若谷，余典范.中国产业结构变迁对经济增长和波动的影响［J］.经济研究，2011（5）：4-16.

［112］高春明，于潇，陈世坤.人工智能对中国未来劳动力就业的影响——基于劳动力供给视角的分析［J］.社会科学战线，2020（10）：249-254.

［113］龚刚，杨光.从功能性收入看中国收入分配的不平等［J］.中国社会科学，2010（2）：54-68.

［114］龚敏，辛明辉.产业结构变迁与劳动份额变化——基于要素替代弹性和偏向技术进步视角［J］.学术月刊，2017，49（12）：90-102.

［115］龚遥，彭希哲.人工智能技术应用的职业替代效应［J］.人口与经济，2020（3）：86-105.

[116] 郭凯明.人工智能发展、产业结构转型升级与劳动收入份额变动[J].管理世界（月刊），2019（7）：60-77.

[117] 郭艳冰，胡立君.人工智能、人力资本对产业结构升级的影响研究——来自中国30个省份的经验证据[J].软科学，2022，36（5）：15-20.

[118] 韩君，颜小凤，韦楠楠.人工智能对中国就业技能结构影响的区域差异研究[J].西北人口，2022，43（3）：45-57.

[119] 韩民春，韩青江，夏蕾.工业机器人应用对制造业就业的影响——基于中国地级市数据的实证研究[J].改革，2020（3）：22-39.

[120] 郝枫.劳动收入份额"√型"演进规律[J].统计研究，2012（6）：84-94.

[121] 何剑，张梦婷，许丽萍，郑智勇.收入分配视角下中国"扩内需"的政策协同研究[J].财经研究，2021，47（7）：78-92.

[122] 何勤.人工智能与就业变革[J].中国劳动关系学院学报，2019，33（3）：1-4.

[123] 胡晟明，王林辉，董直庆.工业机器人应用与劳动技能溢价——理论假说与行业证据[J].产业经济研究，2021（4）：69-84.

[124] 胡晟明，王林辉，朱利莹.工业机器人应用存在人力资本提升效应吗？[J].财经研究，2021，47（6）：61-75+91.

[125] 黄玖立，张龙.中间品贸易自由化与劳动收入份额[J].经济科学，2021（4）：52-67.

[126] 黄俊立，黄玖立.产能利用与劳动收入份额[J].学术研究，2016（1）：93-100.

[127] 黄先海，徐圣.中国劳动收入比重下降成因分析——基于劳动节约型技术进步的视角[J].经济研究，2009，44（7）：34-44.

[128] 黄先海，虞柳明，袁逸铭.工业机器人与企业创新——基于人力资本视角[J/OL].科学学研究：1-20[2022-08-21].DOI：10.16192/j.cnki.1003-

2053. 20220516. 006.

［129］黄泽清，陈享光. 人工智能、社会权力与隐形就业［J］. 当代经济管理，2022，44（3）：1-7.

［130］黄志. 人工智能对经济增长的影响研究［D］. 成都：四川大学，2021.

［131］黄中伟，陈刚. 我国产业结构合理化理论研究综述［J］. 经济纵横，2003（3）：56-58.

［132］惠炜，姜伟. 人工智能、劳动力就业与收入分配：回顾与展望［J］. 北京工业大学学报（社会科学版），2020，20（5）：83-92.

［133］金陈飞，吴杨，池仁勇，吴宝. 人工智能提升企业劳动收入份额了吗？［J］. 科学学研究，2020，38（1）：54-62.

［134］江红莉，蒋鹏程，胡林柯. 数字金融影响了劳动收入份额吗——来自中国上市公司的经验证据［J］. 广东财经大学学报，2022，37（3）：34-48.

［135］姜磊，张媛. 对外贸易对劳动分配比例的影响——基于中国省级面板数据的分析［J］. 国际贸易问题，2008（10）：26-33.

［136］蒋为，黄玖立. 国际生产分割、要素禀赋与劳动收入份额：理论与经验研究［J］. 世界经济，2014（5）：28-50.

［137］江永红，张本秀. 人工智能影响收入分配的机制与对策研究［J］. 人文杂志，2021（7）：58-68.

［138］焦音学，柏培文. 三大产业劳动收入份额、经济增长及收入差距［J］. 数量经济技术经济研究，2020，37（4）：26-45.

［139］孔高文，刘莎莎，孔东民. 机器人与就业——基于行业与地区异质性的探索性分析［J］. 中国工业经济，2020（8）：80-98.

［140］孔微巍，谭婷婷. 人工智能对我国就业的影响及对策研究［J］. 理论探讨，2022（3）：179-184.

［141］匡国静，王少国. 技术进步偏向及其形式的收入分配效应研究［J］.

审计与经济研究，2020（5）：105-115.

[142] 蓝嘉俊，方颖，马天平.就业结构、刘易斯转折点与劳动收入份额：理论与经验研究［J］.世界经济，2019，42（6）：94-118.

[143] 雷恩·艾伯特，布雷特·伯根施耐德，郑志峰.机器人应否纳税——自动化时代的税收政策［J］.经济法学评论，2018，18（2）：239-268.

[144] 李翠妮，葛晶，赵沙俊一.人工智能、老龄化与经济高质量发展［J］.当代经济科学，2022，44（1）：77-91.

[145] 李稻葵，霖林，王红领.GDP中劳动收入份额演变的U型规律［J］.经济研究，2009（1）：70-82.

[146] 李磊，王小霞，包群.机器人的就业效应：机制与中国经验［J］.管理世界，2021，37（9）：104-119.

[147] 李连德.一本书读懂人工智能（图解版）［M］.北京：人民邮电出版社，2016.

[148] 李荣坦.中国的劳动收入份额在下降吗——兼论产业结构变化的影响［J］.社会科学研究，2015（4）：28-34.

[149] 李舒沁，王灏晨.人工智能对老龄化背景下制造业劳动力的影响——来自中国的证据［J］.科学学与科学技术管理，2021，42（7）：3-17.

[150] 李霞，涂涛涛，雷泽奎.人工智能与中国要素报酬分配——基于GTAP模型的分析［J］.中国科技论坛，2020（9）：133-144.

[151] 李旭辉，等.三大支撑带人工智能产业自主创新能力测度分析［J］.数量经济技术经济研究，2020（4）：3-25.

[152] 李旭辉，等.长江经济带人工智能产业发展趋势演进及空间均衡特征研究［J］.情报杂志，2020，39（5）：190-201.

[153] 李丫丫，等.工业机器人对省域制造业生产率的异质性影响［J］.中国科技论坛，2018（6）：121-126.

[154] 李怡乐，罗远航.工人议价力之构成的马克思主义经济学分析——

2008年以来中国工人议价力变化初探 [J]. 财经科学, 2014 (5): 62-73.

[155] 李越. 智能化生产方式对产业结构变迁的作用机理——基于马克思主义政治经济学视角 [J]. 财经科学, 2021 (1): 53-64.

[156] 李志强, 刘英. 机器人的应用可以缩小性别工资差距吗——基于CFPS2018的经验证据 [J]. 山西财经大学学报, 2022, 44 (2): 91-102.

[157] 林兰. 技术扩散理论的研究与进展 [J]. 经济地理, 2010, 30 (8): 1233-1239+1271.

[158] 刘长庚, 王宇航, 张磊. 数字普惠金融提高了劳动收入份额吗? [J]. 经济科学, 2022 (3): 143-154.

[159] 刘盾. 论劳动收入份额的决定机制 [D]. 北京: 北京交通大学, 2013.

[160] 刘刚, 刘晨. 人工智能科技产业技术扩散机制与实现策略研究 [J]. 经济纵横, 2020 (9): 109-119.

[161] 刘军, 陈嘉钦. 智能化能促进中国产业结构转型升级吗 [J]. 现代经济探讨, 2021 (7): 105-111.

[162] 刘骏, 刘涛雄, 谢康. 机器人可以缓解老龄化带来的中国劳动力短缺问题吗 [J]. 财贸经济, 2021, 42 (8): 145-160.

[163] 刘亮等. 智能化与经济发展方式转变: 理论机制与经验证据 [J]. 经济评论, 2020 (2): 3-19.

[164] 刘亮, 胡国良. 人工智能与全要素生产率——证伪"生产率悖论"的中国证据 [J]. 江海学刊, 2020 (3): 118-123.

[165] 刘涛雄, 刘骏. 人工智能、机器人与经济发展研究进展综述 [J]. 经济社会体制比较, 2018 (6): 172-178.

[166] 刘亚琳, 茅锐, 姚洋. 结构转型、金融危机与中国劳动收入份额的变化 [J]. 经济学 (季刊), 2018, 17 (2): 609-632.

[167] 刘亚琳, 申广军, 姚洋. 我国劳动收入份额: 新变化与再考察 [J/OL].

经济学（季刊）：1-22 ［2022-09-05］. DOI：http：//kns. cnki. net/kcms/detail/11. 6010. f. 20220817. 1139. 010. html

［168］刘叶婷，隆云涛，唐斯斯. 中国人工智能产业发展现状与策略研究——以五大城市群为例［J］. 东北财经大学学报，2020（5）：82-89.

［169］刘章发，田贵贤. 信息不对称、劳资议价与均衡工资决定［J］. 经济评论，2017（4）：45-56.

［170］芦婷婷，祝志勇. 人工智能是否会降低劳动收入份额——基于固定效应模型和面板分位数模型的检验［J］. 山西财经大学学报，2021，43（11）：29-41.

［171］芦婷婷，祝志勇. 人工智能对劳动收入份额影响的空间溢出效应——基于静态空间杜宾模型和动态空间杜宾模型的分析［J］. 经济问题探索，2022（5）：65-78.

［172］芦婷婷，祝志勇，刘畅畅. 人工智能、人口结构转型与劳动收入份额变化［J］. 广东财经大学学报，2022，37（4）：4-17.

［173］陆雪琴，田磊. 企业规模分化与劳动收入份额［J］. 世界经济，2020，43（9）：27-48.

［174］罗长远，陈琳. 融资约束会导致劳动收入份额下降吗——基于世界银行提供的中国企业数据的实证研究［J］. 金融研究，2012（3）：29-42.

［175］罗长远，张军. 经济发展中的劳动收入占比：基于中国产业数据的实证研究［J］. 中国社会科学，2009（4）：65-79+206.

［176］罗明津，铁瑛. 企业金融化与劳动收入份额变动［J］. 金融研究，2021（8）：100-118.

［177］罗润东，郭怡笛. 人工智能技术进步会促进企业员工共同富裕吗? ［J］. 广东社会科学，2022（1）：54-63.

［178］罗志恒，杨新，万赫. 共同富裕的现实内涵与实现路径：基于财税改革的视角［J］. 广东财经大学学报，2022（1）：4-13.

[179] 吕洁, 杜传文, 李元旭. 工业机器人应用会倒逼一国制造业劳动力结构转型吗? ——基于 1990—2015 年间 22 个国家的经验分析 [J]. 科技管理研究, 2017 (22): 32-41.

[180] 吕越, 谷玮, 包群. 人工智能与中国企业参与全球价值链分工 [J]. 中国工业经济, 2020 (5): 80-98.

[181] 马丁·拉瑟, 梅根·兰伯斯, 艾尼基·里科宁, 切尔西·郭, 迈克尔·霍洛维兹, 保罗·沙尔. 美国 AI 世纪: 行动蓝图 [J]. 信息安全与通信保密, 2020 (1): 63-82.

[182] 马国旺, 李焙尧. 中国资本深化对劳动报酬份额的影响分析 [J]. 江西社会科学, 2020, 40 (2): 71-81+254-255.

[183] 马红旗, 黄桂田, 王韧. 物质资本的积累对我国城乡收入差距的影响——基于资本—技能互补视角 [J]. 管理世界, 2017 (4): 32-46.

[184] 马岚. 中国会出现机器人对人工的规模替代吗? ——基于日韩经验的实证研究 [J]. 世界经济研究, 2015 (10): 71-79.

[185] 孟捷, 李怡乐. 改革以来劳动力商品化和雇佣关系的发展——波兰尼和马克思的视角 [J]. 开放时代, 2013 (5): 74-106.

[186] 莫旋, 阳玉香, 刘杰. 中国劳动力市场劳资双方议价能力测度 [J]. 经济与管理研究, 2017, 38 (4): 47-56.

[187] 倪旭君. 劳动报酬份额的影响因素——基于要素替代弹性的分析 [D]. 北京: 中央财经大学, 2017.

[188] 潘丹丹. 人工智能的就业反极化效应研究 [J]. 现代经济探讨, 2019 (12): 25-31+65.

[189] 彭定贇, 郑子皓. 中等收入阶段产业结构变动对劳动收入份额的影响研究 [J]. 北京邮电大学学报 (社会科学版), 2020, 22 (1): 36-43.

[190] 钱晓烨, 迟巍. 国民收入初次分配中劳动收入份额的地区差异 [J]. 经济学动态, 2011 (5): 40-46.

［191］屈小博.机器人和人工智能对就业的影响及趋势［J］.劳动经济研究，2019，7（5）：133-143.

［192］任太增.劳动份额、制度羁绊与劳动者讨价还价能力［J］.改革，2010（5）：118-122.

［193］汝刚，刘慧，沈桂龙.用人工智能改造中国农业：理论阐释与制度创新［J］.经济学家，2020（4）：110-118.

［194］申广军，刘超.信息技术的分配效应——论"互联网+"对劳动收入份额的影响［J］.经济理论与经济管理，2018（1）：33-45.

［195］沈红兵.人工智能技术进步对劳动就业的影响研究［M］.成都：西南财经大学出版社，2019.

［196］沈建光，等.产业数字化［M］.北京：中信出版集团，2021.

［197］沈洋，张秀武.智能制造、产业集聚与劳动力错配［J］.中国流通经济，2022，36（4）：89-100.

［198］盛丹.外资进入是否提高了劳动者的讨价还价能力［J］.世界经济，2013，36（10）：54-78.

［199］盛丹，陆毅.出口贸易是否会提高劳动者工资的集体议价能力［J］.世界经济，2016，39（5）：122-145.

［200］盛丹，陆毅.国有企业改制降低了劳动者的工资议价能力吗？［J］.金融研究，2017（1）：69-82.

［201］师博.人工智能助推经济高质量发展的机理诠释［J］.改革，2020（1）：30-38.

［202］斯图尔特·罗素.AI新生：破解人机共存密码——人类最后一个大问题［M］.张羿，译.北京：中信出版集团，2020.

［203］宋旭光，杜军红.智能制造如何影响劳动收入份额——基于中国省级面板数据的实证研究［J］.经济理论与经济管理，2021，41（11）：79-96.

［204］宋旭光，左马华青.工业机器人投入、劳动力供给与劳动生产率

[J]. 改革, 2019 (9): 45-54.

[205] 苏梽芳, 陈昌楠, 蓝嘉俊. "营改增"与劳动收入份额: 来自中国上市公司的证据 [J]. 财贸经济, 2021, 42 (1): 44-61.

[206] 睢党臣, 曹献雨. 人工智能、人口发展与中国未来人口政策 [J]. 新疆师范大学学报 (哲学社会科学版), 2020, 41 (3): 91-99.

[207] 孙婧麟. 论税收中性的理论与实践 [D]. 上海: 复旦大学, 2006.

[208] 孙雪, 宋宇, 赵培雅. 智能化技术应用是否改善了人力资本要素错配 [J/OL]. 科学学研究: 1-22 [2022-08-21]. DOI: 10.16192/j. cnki. 1003-2053. 20220614.003.

[209] 孙早, 韩颖. 人工智能会加剧性别工资差距吗? ——基于我国工业部门的经验研究 [J]. 统计研究, 2022, 39 (3): 102-116.

[210] 孙早, 侯玉琳. 工业智能化如何重塑劳动力就业结构 [J]. 中国工业经济, 2019 (5): 61-79.

[211] 谭泓, 张丽华. 人工智能促进人力资本流动与提升 [J]. 科学学研究, 2021, 39 (5): 833-841.

[212] 唐东波. 全球化与劳动收入占比: 基于劳资议价能力的分析 [J]. 管理世界, 2011 (8): 23-33.

[213] 托马斯·皮凯蒂. 21世纪资本论 [M]. 巴曙松, 等译. 北京: 中信出版集团, 2014.

[214] 托尼·布比尔. 人工智能与向零创新 [M]. 邵信芳, 译. 北京: 中信出版集团, 2021.

[215] 万海远, 李实, 卢云鹤. 全民基本收入理论与政策评介 [J]. 经济学动态, 2020 (1): 98-113.

[216] 万坤扬, 陆文聪. 中国技术创新区域变化及其成因分析——基于面板数据的空间计量经济学模型 [J]. 科学学研究, 2010, 28 (10): 1582-1591.

[217] 王春超, 丁琪芯. 智能机器人与劳动力市场研究新进展 [J]. 经济社

会体制比较，2019（2）：178-188.

[218] 王娟，尹敬东.以智能化为核心的新科技革命与就业——国际学术研究述评 [J].西部论坛，2019，29（1）：34-44.

[219] 王君，张于喆，张义博，洪群联.人工智能等新技术进步影响就业的机理与对策 [J].宏观经济研究，2017（10）：169-181.

[220] 王丽媛.智能化发展、劳动力供给技能结构与技能溢价 [J].山西财经大学学报，2021，43（5）：45-60.

[221] 王林辉，胡晟明，董直庆.人工智能技术会诱致劳动收入不平等吗——模型推演与分类评估 [J].中国工业经济，2020（4）：97-115.

[222] 王林辉，胡晟明，董直庆.人工智能技术、任务属性与职业可替代风险：来自微观层面的经验证据 [J].管理世界，2022，38（7）：60-79.

[223] 王林辉，袁礼.有偏型技术进步、产业结构变迁和中国要素收入分配格局 [J].经济研究，2018，53（11）：115-131.

[224] 王林辉，赵景.技术进步偏向性及其收入分配效应：来自地区面板数据的分位数回归 [J].求是学刊，2015，42（4）：51-60.

[225] 王瑞瑜，王森.老龄化、人工智能与产业结构调整 [J].财经科学，2020（1）：80-92.

[226] 王森，王瑞瑜，孙晓芳.智能化背景下人口老龄化的产业结构升级效应 [J].软科学，2020，34（1）：90-96+102.

[227] 王文.数字经济时代下工业智能化促进了高质量就业吗？[J].经济学家，2020（4）：89-98.

[228] 王文，牛泽东，孙早.工业机器人冲击下的服务业：结构升级还是低端锁定 [J].统计研究，2020，37（7）：54-65.

[229] 王晓娟，朱喜安，王颖.工业机器人应用对制造业就业的影响效应研究 [J].数量经济技术经济研究，2022，39（4）：88-106.

[230] 王晓霞，白重恩.劳动收入份额格局及其影响因素研究进展 [J].经

济学动态，2014（3）：107-115.

[231] 王永钦，董雯.机器人的兴起如何影响中国劳动力市场？——来自制造业上市公司的证据 [J].经济研究，2020，55（10）：159-175.

[232] 王展祥，龚广祥.劳动报酬份额偏离程度分析——基于劳资议价能力的视角 [J].经济评论，2017（1）：120-134.

[233] 韦东明，顾乃华，韩永辉.人工智能推动了产业结构转型升级吗——基于中国工业机器人数据的实证检验 [J].财经科学，2021（10）：70-83.

[234] 魏建，徐恺岳.人工智能技术发展对城乡收入差距的影响 [J].浙江工商大学学报，2021（4）：84-96.

[235] 魏玮，张万里，宣旸.劳动力结构、工业智能与全要素生产率——基于我国2004—2016年省级面板数据的分析 [J].陕西师范大学学报（哲学社会科学版），2020，49（4）：143-155.

[236] 魏下海，董志强，赵秋运.人口年龄结构变化与劳动收入份额：理论与经验研究 [J].南开经济研究，2012（2）：100-119.

[237] 魏下海，张沛康，杜宇洪.机器人如何重塑城市劳动力市场：移民工作任务的视角 [J].经济学动态，2020（10）：92-109.

[238] 文强，楚天舒.国有经济对要素收入分配的影响——"收入效应"还是"生产率效应"？[J].中国经济问题，2019（5）：34-49.

[239] 闻效仪.去技能化陷阱：警惕零工经济对制造业的结构性风险 [J].探索与争鸣，2020（11）：150-159.

[240] 文雁兵，陆雪琴.中国劳动收入份额变动的决定机制分析——市场竞争和制度质量的双重视角 [J].经济研究，2018，53（9）：83-98.

[241] 温忠麟，叶宝娟.中介效应分析：方法和模型发展 [J].心理科学进展，2014，22（5）：731-745.

[242] 吴静.智能化生产条件下对"活劳动"范畴之反思 [J].南京社会科学，2020（10）：40-48.

［243］吴清华，周晓时，朱兰.工业机器人对就业的异质性影响——基于发展阶段与行业的分析［J］.中国科技论坛，2020（4）：74-82+110.

［244］吴振华.产业结构调整下的劳动收入份额提升路径［J］.财经科学，2015（10）：123-131.

［245］吴振华.中国劳动收入份额变动的区域异质性及其影响因素分析［J］.人口与发展，2020，26（3）：2-15.

［246］谢申祥，陆毅，蔡熙乾.开放经济体系中劳动者的工资议价能力［J］.中国社会科学，2019（5）：40-59+205-206.

［247］徐雷，屈沙，郑理.信息不对称视角下的剩余索取权分配测度［J］.经济与管理研究，2017，38（10）：44-53.

［248］许清清，董培超，路兰.智能制造驱动劳动密集型产业转型实证研究［J］.福建论坛（人文社会科学版），2020（7）：25-38.

［249］闫雪凌，朱博楷，马超.工业机器人使用与制造业就业：来自中国的证据［J］.统计研究，2020，37（1）：74-87.

［250］杨飞.技能偏向性技术进步理论研究进展［J］.劳动经济评论，2014，7（1）：112-131.

［251］杨飞.产业智能化如何影响劳动报酬份额——基于产业内效应与产业关联效应的研究［J］.统计研究，2022，39（2）：80-95.

［252］杨飞，范从来.产业智能化是否有利于中国益贫式发展？［J］.经济研究，2020（5）：150-165.

［253］杨虎涛.人工智能、奇点时代与中国机遇［J］.财经问题研究，2018（12）：12-20.

［254］杨伟国，邱子童，吴清军.人工智能应用的就业效应研究综述［J］.中国人口科学，2018（5）：109-119+128.

［255］杨晓锋.智能制造是否有助于提升制造业平均工资？——基于2001～2016年17省工业机器人数据研究［J］.经济体制改革，2018（6）：169-176.

［256］杨晓玲.论技术垄断形态主导的市场结构的形成［J］.南开经济研究，2000（1）：19-24.

［257］叶阿忠，等.应用空间计量经济学：软件操作和建模实例［M］.北京：清华大学出版社，2020.

［258］俞伯阳.人工智能技术促进了中国劳动力结构优化吗？——基于省级面板数据的经验分析［J］.财经问题研究，2020（3）：94-102.

［259］余玲铮，魏下海，吴春秀.机器人对劳动收入份额的影响研究——来自企业调查的微观证据［J］.中国人口科学，2019（4）：114-125.

［260］曾刚，林兰.不同空间尺度的技术扩散影响因子研究［J］.科学学与科学技术管理，2006（2）：22-27.

［261］曾艺，韩峰，刘俊峰.生产性服务业集聚提升城市经济增长质量了吗？［J］.数量经济技术经济研究，2019，36（5）：83-100.

［262］张兵，李苹.职业替代、行业智能化与中国劳动力就业［J］.上海经济研究，2022（5）：92-106.

［263］张车伟，张士斌.中国劳动报酬份额变动的"非典型"特征及其解释［J］.人口与发展，2012（4）：2-13.

［264］张刚，孙婉璐.技术进步、人工智能对劳动力市场的影响——一个文献综述［J］.管理现代化，2020，40（1）：113-120.

［265］张桂金，张东."机器换人"对工人工资影响的异质性效应：基于中国的经验［J］.学术论坛，2019（5）：18-25.

［266］张建武，王茜，林志帆，赵秋运.金融抑制与劳动收入份额关系研究［J］.中国人口科学，2014（5）：47-56+127.

［267］张劲松.劳力替代：人工智能时代老龄化治理的向路与策略［J］.江汉论坛，2021（10）：26-33.

［268］张莉，李捷瑜，徐现祥.国际贸易、偏向型技术进步与要素收入分配［J］.经济学（季刊），2012，11（2）：409-428.

［269］张美莎，曾钰桐，冯涛．人工智能对就业需求的影响：基于劳动力结构视角［J］．中国科技论坛，2021（12）：125-133．

［270］张明昂，施新政，纪珽．人力资本积累与劳动收入份额：来自中国大学扩招的证据［J］．世界经济，2021，44（2）：23-47．

［271］张明斗，王亚男．制造业、生产性服务业协同集聚与城市经济效率——基于"本地—邻地"效应的视角［J］．山西财经大学学报，2021，43（6）：15-28．

［272］张彤进，任碧云．包容性金融发展与劳动收入份额的关系：来自中国的经验证据［J］．南开经济研究，2016（3）：90-105．

［273］赵俊康．我国劳资分配比例分析［J］．统计研究，2006（12）：7-12．

［274］张新春，董长瑞．人工智能技术条件下"人的全面发展"向何处去——兼论新技术下劳动的一般特征［J］．经济学家，2019（1）：43-52．

［275］张勇，蒲勇健．产业结构变迁及其对能源强度的影响［J］．产业经济研究，2015（2）：15-22．

［276］张振刚，黄洁明，陈一华．基于专利计量的人工智能技术前沿识别及趋势分析［J］．科技管理研究，2018（5）：36-42．

［277］张志强．在岗培训提高了企业绩效和员工的议价能力吗？——基于中国制造业企业的证据［J］．中央财经大学学报，2018（10）：105-11．

［278］赵放，刘雨佳．人工智能引发中国产业分化及对策研究［J］．社会科学战线，2020（11）：47-55．

［279］赵柯，李刚．资本主义制度再平衡：全民基本收入的理念与实践［J］．欧洲研究，2019，37（1）：1-21+156．

［280］赵秋运，林志帆．金融抑制、经济结构扭曲与劳动收入份额下降——基于新结构经济学理论的思考［J］．财经理论与实践，2016，37（4）：2-10．

［281］周广肃，李力行，孟岭生．智能化对中国劳动力市场的影响——基于就业广度和强度的分析［J］．金融研究，2021（6）：39-58．

［282］周茂，陆毅，李雨浓.地区产业升级与劳动收入份额：基于合成工具变量的估计［J］.经济研究，2018，53（11）：132-147.

［283］周明海，肖文，姚先国.中国经济非均衡增长和国民收入分配失衡［J］.中国工业经济，2010（6）：35-45.

［284］周明海，郑天翔，王秋实.工业机器人应用的要素收入分配效应［J］.浙江社会科学，2021（6）：40-50+157.

［285］周晓时，李俊鹏，吴清华.人工智能发展对农业生产率的影响：基于跨国面板数据的实证分析［J］.华中农业大学学报（社会科学版），2021（5）：158-167+199.

［286］朱琪，刘红英.人工智能技术变革的收入分配效应研究：前沿进展与综述［J］.中国人口科学，2020（2）：111-125.

［287］朱巧玲，李敏.人工智能、技术进步与劳动力结构优化对策研究［J］.科技进步与对策，2018，35（6）：36-41.

［288］邹樵，吴丁佳宝，姜杰.共性技术扩散的网络与外溢效应［J］.管理世界，2011（1）：182-183.

［289］邹薇，袁飞兰.劳动收入份额、总需求与劳动生产率［J］.中国工业经济，2018（2）：5-23.

后 记

春去秋来，寒来暑往，本书即将付梓出版。在收获知识的同时，更磨炼了心志。任何的成长和收获，我都心怀感恩，感谢贵人的相助和命运的加持。

承蒙恩师不弃，感谢导师祝志勇教授，不嫌我愚钝，将我收入门下。本书的顺利完成，离不开祝老师的指导。在本书选题阶段，祝老师给予我充分的研究空间，让我选择感兴趣的话题，在确定选题时指出需要注意的问题和改进的方向。在本书的撰写阶段，祝老师时常向我推荐最新文献，便于我掌握研究动态和完善内容。祝老师学识渊博，在我遇到难题时，总能直指问题要害，帮助我打开思路。祝老师为人谦逊低调、德高望重，教育学生润物细无声，一直是我学习的榜样。祝老师经常教育我们生活处处是学问，要做一个善于学习、主动学习的人，我将铭记恩师教诲。

感谢家人、朋友给予的温暖和帮助。感谢我的爱人张先生一直以来的理解和支持，正是有他背后的支持和付出，我才能安心学习和写作。